青春美文精品集萃丛书·陪伴系列

陪伴是
持之以恒的守护

《语文报》编写组 选编

时代文艺出版社

图书在版编目（CIP）数据

陪伴是持之以恒的守护 /《语文报》编写组选编.
-- 长春：时代文艺出版社，2021.6
（青春美文精品集萃丛书.陪伴系列）
ISBN 978-7-5387-6744-5

Ⅰ.①陪… Ⅱ.①语… Ⅲ.①作文－中小学－选集
Ⅳ.①H194.5

中国版本图书馆CIP数据核字(2021)第089840号

陪伴是持之以恒的守护
PEIBAN SHI CHIZHIYIHENG DE SHOUHU

《语文报》编写组　选编

出 品 人：	陈　琛
责任编辑：	初昆阳
助理编辑：	史　航
装帧设计：	孙　利
排版制作：	隋淑凤

出版发行：	时代文艺出版社
地　　址：	长春市福祉大路5788号　龙腾国际大厦A座15层　（130118）
电　　话：	0431-81629751（总编办）　0431-81629755（发行部）
网　　址：	weibo.com/tlapress（官方微博）　sdwycbsgf.tmall.com（天猫旗舰店）
开　　本：	880mm×1230mm　1/32
字　　数：	135千字
印　　张：	7
印　　刷：	三河市嵩川印刷有限公司
版　　次：	2021年6月第1版
印　　次：	2021年6月第1次印刷
定　　价：	36.00元

图书如有印装错误　请寄回印厂调换

编 委 会

主　　编：刘应伦

编　　委：刘应伦　赵　静　李音霞
　　　　　郭　斐　刘瑞霞　王素红
　　　　　金星闪　周　起　华晓隽
　　　　　何发祥　朱晓东　陈　颖
　　　　　段岩霞　刘学强

本册主编：肖敏娟

Contents 目 录

角落里的美好

香糯的玉米 / 周奕炜 002

那道墙 / 袁杏雨 005

有一种声音,在记忆深处 / 薛怡沁 008

我种的大蒜 / 余 敏 010

那段快乐的日子 / 王子祥 012

她是位慈祥的人 / 毛奕如 014

开在记忆深处的花朵 / 陈 雅 017

岁末随想 / 洪海萍 019

观棋 / 卢乡月 022

角落里的美好 / 陆羿伶 024

外婆家门前的银杏树 / 施 瑶 026

暖冬 / 项 昕 029

秋日回乡偶拾 / 杨子昀 031

雪里绍兴 / 季珺奕 034

紫藤花开 / 殷悦菡 036

冬阳 / 陈虞翔 039
黄河之吼 / 王子川 041
爬山虎 / 钱珺琰 044

那段温暖的日子

流音 / 王佳怡 048
外公的橘子树 / 陆莹绮 051
天门山上的守护者 / 倪嘉辰 053
美丽的感动 / 范云超 055
这样的画面，让我流连 / 吴雨倩 058
你温暖了我 / 李舒航 061
家中的新成员 / 凌圳 063
我有我的精彩 / 王韬 066
找回梦想 / 姜永琪 068
那段自由的日子 / 宋可为 070
那段温暖的日子 / 陆乐桐 073

守护那一抹阳光

童年老家的声音 / 沈万恒 078
那一天，我与那双鞋相遇 / 王悦 081

又梦故乡 / 林嘉雯 084
雨中随想 / 张　祺 087
雨的韵味 / 严世新 089
转角桂花香 / 邹奕琪 091
野 / 申　辉 094
落叶 / 王佳怡 096
寻秋 / 宋逸鋆 098
关于长城 / 郑惟知 100
中国文化 / 刘安琪 103
一对老人，让我迷恋而忧思 / 邱子莹 106
路上小心 / 浦虞悦 109
那个黄昏 / 高添逸 112
孤独 / 丁月婷 115
遇见 / 韩云钊 118
难忘那个夜晚 / 郭鼎元 121
我知道，你一直嫌我不常打电话回家 / 许枊柠 123
访河，访荷 / 吴培阳 126

最美的时光

最美的时光 / 谢欣怡 130
幸福在转角 / 庄玥琳 133
我拥有宁静在心 / 洪海萍 135
光 / 姜永琪 137

有关考试 / 易 洋		140
原来我没懂 / 邹怡枫		142
长大了，变小了 / 尤安睿		144
最美 / 华聆帆		146
草木童年 / 苏俊文		148
栀子花开 / 黄沁怡		151
童年的盛夏 / 陈伊娜		153
亲切的怀恋 / 姚旭美		155
一次难忘的面试 / 吴 琼		158
成长的滋味 / 施梦瑶		161
城里的粉墙黛瓦 / 杨之立		164

人间有味是清欢

锦扇 / 刘嘉欣		168
刨红薯记 / 张嘉瑞		170
一碗豆腐脑儿 / 肖宇翔		172
笨狗如树 / 贺逸凡		174
香 / 盛 芸		177
留在心底的风景 / 黄筱婧		180
风信子 / 朱烨琳		183
挂在树上的童年 / 严柯宇		186
有一种记忆叫温暖 / 冯嘉乐		189
吃喝 / 华彦铭		192

乌镇情怀 /	卢思凝	195
人间有味是清欢 /	高文科	197
我心中最宝贵的财富 /	崔银灵	199
是你改变了我 /	沈湉芸	202
有那么一棵树 /	郭文萱	205
守望微芒 /	谢冰心	208
偶尔停下来,感觉真好 /	余 敏	211
玉兰花的味道 /	曲思佳	213

角落里的美好

香糯的玉米

周奕炜

又是一个周五,我放学回到家,刚打开家门,一股淡淡的、甜甜的香味扑鼻而来。"回来了,快来吃玉米,趁热吃。"从厨房传来妈妈亲切的声音。我闭上眼睛深吸一口气,好熟悉的味道。玉米的香味把我带回了那段时光。

过惯了城市的生活,偶尔也要换换口味。小时候,我们一家去乡下看望外公外婆。一来到这儿,我便对这充满好奇,也顾不得外公、外婆的好生招待。急忙跑到门前,摸摸小溪里清凉的、干净的溪水,水从指缝中缓缓地流过。周围的空气混着泥土和芳草的气味,草丛中,远处的树上传来各种虫儿的欢唱。外公外婆到田里忙活,望着他们的背影,我好奇极了,一溜烟儿地跑下去探个究竟,他们在摘玉米。我想到玉米的甜美,迫不及待地想自己掰下一个。我左看看,右看看,要掰那个最大的颜值最高的。两只手握着它，用力往后掰，我感到脸上很热，头上有点儿湿了，我几乎用尽了力气，然而那玉米好像毫发无损。我干脆一屁股坐在地上，罢工了，罢工了。不知什么时候，外婆已经走到我的身边，我抬起头看她，她眯起眼睛，好笑地看着我。我有些生气，她弯下腰，轻轻用左手牵起我的右手，稍一使力，就把我拉了起来。她站到我的身后，温柔地对着我轻轻地说："我来帮你。"一阵温暖的风从我的耳边划过，有些痒痒的。她的两只手握起我的两只手，然后握起那个玉米，一圈一圈地转起那个玉米，又一遍一遍一点点地向后掰。我手上面的那双手很干，很糙。一用力，玉米掰下来了，我又觉得神奇，又很高兴，佩服地望着外婆，她笑了。

回到家，要剥玉米了，大人们坐在大门口，每个人拿着一个玉米，一粒粒地把玉米剥下来。看着他们埋头干着活，我也不想闲着，也坐下，拿起一个，有模有样地剥起来。不一会儿，我就不太耐烦了，东看看，西看看，再看看他们，都认真地剥着，我也不好意思走，但是手痒了起来。我看着他们剥好的一堆玉米粒，玩兴起了，往左边轻轻一推，上面的玉米粒"咕噜噜"地往左边滚，成了几堆，好像一个人的脸，这一小堆是眼睛，下面的一堆可以做嘴巴吧，望着这个可笑的人，我"噗"地笑出声来。外公假装严厉地对我说："不可以那么贪玩。"而后又从他的眼神中看到笑意。我"嘿嘿嘿"地低着头笑。然后外公自己也拼起了图案，"看，我拼的好看吧。"外公得意地说，哇，真的啊，像一只蝴蝶，但我才不服输："就这样。"大家都"哈哈哈"地笑了起来，笑声在整个院子响彻。

剥完玉米，终于可以等着享受美味了，外公外婆忙着去煮玉米了。过了好一会儿，一股淡淡的、甜甜的香味扑鼻而来，我咽了咽口水，尤其饿，是不是去厨房看看。终于，香喷喷的玉米端上了桌。我迫不及待地伸手拿了一个，好烫，但又不舍得放下，两手来回地换着，嘴不停地吹气。"你这么着急干什么。"妈妈好笑地看着我。我也不管，急忙往嘴里送，一股香甜顿时在口腔中弥漫开来。还说我，看着他们一个个也忍不住拿起玉米，那动作跟我一模一样，看他们手忙脚乱的，我忍不住笑出声来。他们也互相嘲笑一番。热乎乎的排骨汤端了上来，里面有玉米粒。奶奶拿着勺子，帮我盛起一碗，从汤面上又多舀了点儿玉米粒。一家人吃着热乎乎的玉米，其乐融融。

我放下书包，拿起一根玉米，吃了起来，糯糯的、甜甜的，但总少了什么，没有了当时的香甜。

现在，我们一家人很少会一大家子坐在一起，那片玉米地和老屋也早已没有。一家人聚在一起的温暖快乐的时光是我最亲切的怀恋。

那 道 墙

袁杏雨

刚搬进这个房子时,坐在房间里,打量着四周那按照我的意愿粉刷的淡粉色墙壁,我竟然有些失落。只是,突然忆起外婆家,凹凸不平的墙,那满是我和我表妹的"杰作"。

记得小时候,很调皮,总爱和表妹比赛,用粉笔在墙上画下稚嫩的图案。从那长得像茄子似的鞋子中,我看到外公外婆,在羊肠小路上,背起年幼的我们,向田里走去;看着那外公外婆的画像,我仿佛看见外公外婆那带着嗔怪,却又慈爱无比的笑靥。如今,那些画已淡去,留在墙上,像一道道伤疤,很丑。我曾问过外婆:"你们为什么不重新把墙刷一下呢?这画得又不好看,干吗还留着?"外婆的脸上荡起一抹红晕,她笑着说:"怎么能把它们刷掉呢?你们不回来看我的时候,我就看一看它们,就想起你们小时候画着画，争着要我评比的画面。"我突然明白，那道墙，承载着外婆的幸福的回忆。

不过，给我印象最深的，还是老家客厅的那道墙。雪白的墙壁，有着一道道的痕，它，才真正见证了我的成长。不知从几岁起，我开始养成一种习惯，在生日那天，在墙上留下一条与我身高齐平的印。每次，妈妈叫我立正，我便假正经一会儿，又开始乱动，妈妈把我按住，趁我不注意，已在墙上刻下一道痕。我已跑开玩耍去了，妈妈才惊叹道："女儿又长高了这么多！"每当有客人来时，母亲便自豪地拿开挂在上面的壁画，展现给他们看。而那道墙，成为母亲的骄傲，同时也记录了我的成长。

目光又聚集在现在这堵墙上。经过了七年的求学，已挂满了各种各样的奖状，有五好学生的，有比赛获奖的，有奖学金的……这些是我父母的骄傲，但我最珍惜的倒不是这些奖状，而是一幅十字绣、一幅海报。那一幅十字绣是去年暑假时我和表妹一起绣的，有些稚嫩，针法也不一致，但那是我和表妹的第一幅作品，所以我十分珍惜；那一幅海报，是我最爱的歌星——邓紫棋的照片，从她的歌声中，我领悟了很多，也正是她激励了我，要更加努力地学习。这道墙，这是我对未来的憧憬。

每道墙都经过岁月的沉淀，才有了意义，有了价值，有了灵魂，它成了主人最珍贵的月光宝盒，即使落满灰尘，也不舍得将它丢弃，它是那么美好，那么纯净。每一道墙，都有着属于自己的历史，自己的故事，自己的梦想，它们就如同一颗颗珍珠，静静地躺在岁月的长河中，是那么洁白，那么闪亮。每次不经意间触碰它们时，总会引起心中最初的悸动。它们，记录着我的青葱岁月。愿，在遥远的未来，它们会一直陪伴着我……

有一种声音,在记忆深处

薛怡沁

　　岁月划过心坎的淡淡伤痕,虽然留下了些许无奈、惆怅和遗憾,但在斑斑点点的记忆深处仍然回响着那一声声殷切的呼唤。

　　打了蜡的蓝天,盘旋着的清风携着泥土的芬芳,空气中酝酿着合欢花甜蜜的香气,这就是我童年生活的地方。

　　小时候爸爸妈妈把我寄养在外婆家。我每天就跟着小伙伴们去小溪里捉鱼,把裤腿挽得老高,在池塘里泛舟,浑身滴着水也绝不喊冷,湖里的荷花开了便赤脚划船去采荷花,一捆又一捆,好不惬意。有时玩累了,随意躺在舟中。任微风推着小舟肆意地游荡,花瓣落下来,带来一阵芬芳,定要闭着眼使劲儿嗅。有时卧在田头,任柔韧的稻草搔着你的脚板与脸颊。

　　夕阳西下,各家老人开始呼孙唤女,但在这么多的呼唤声中我总能一下子分辨出外婆那独一无二的声音。柔软又悠长，如高声的絮语，夹杂着几分温暖，几分焦急，几分爱惜。那声音穿越过几十栋房屋楼阁，上百条羊肠小道，上万块砖石瓦片，却依旧那样清晰而有力，寄托着一丝不少的感情，真不知道外婆的话到底有什么魔力。那时候，只要听到这声"沁沁，回来吃晚饭啦！"我无论在哪里、在干什么都会迈着坚定的脚步向家中走去，那样干脆利落，那样坚定不移，仿佛这声呼唤是长鞭，鞭打着我匆匆的脚步，快，再快，更快，最后索性跑起来，头发散了没关系，鞋带松了无所谓，往常路边那极具吸引力的小花小草小虫如今却显得格外苍白而无趣，因为我知道前方有我爱的人，有我牵挂的呼唤，有我温暖的家。

这样的声音经过岁月的烘烤变得更加馨香，更加温暖，如夜晚盛开的夜来香，馥郁而又缠绵；如满池绽放的粉荷，清新而又幽远。现在外婆老了，我与她见面的机会也少了，但一声声的呼唤仍历历在耳，呼唤身心，也呼唤灵魂，那是一种爱的积淀，一种爱的诠释。

现在，无论我遇到什么困难，外婆的呼唤总会让我重新振作，踏上征途。呼唤，是一种爱，一种引导，一种鼓励，给予我无限的勇气与用之不竭的动力，因为我知道前方有家，有历久弥新的呼唤声，有我爱的人，有我久久不能释怀的一份牵挂。

是谁带来绵长的呼唤，是谁留下不变的温暖，难道说还有无言的爱，还是那久久不能忘怀的眷恋，我听见，一种声音，埋藏在记忆深处，永远不变……

我种的大蒜

余 敏

我在水里种了几棵大蒜。

大蒜生长极快,刚种下去第一天,就伸出了根,拼命吸吮着干净的水,向我们展示着它旺盛的生命力。刚看见它的时候,是在一天放学回来,无意地瞄向了大蒜这边,我顿时眼前一亮。

那大蒜露出水面的部分长出了一片新绿,只有小拇指甲盖长的一小节,它通体晶绿,显得十分傲娇,不愿在人们面前过多地展示自己,令人觉得不好靠近。而埋在水下面的好几条根正紧紧地抓着水,争先恐后地抢夺着自己水的地盘不让它们流失,仿佛几个顽皮的小孩儿,好像再不拼命喝水,它就要枯萎了一样。我饶有兴趣地望着它们,"扑哧"一声笑了出来。它让我看到了对生命的渴望和热爱,使我觉得无比欣喜,让我迫不及待地想知道它以后的形态。

第二天早上,我刚醒来,就光着脚奔向了大蒜,急着想知道那小生命的样子。阳光下,蒜苗呈现出绿莹莹的样子,一派生机与活力。蒜苗经过了一夜的生长,向上蹿了好大一截,也粗壮起来了,一副天不怕地不怕的刚强样儿,成功地从顽皮的小滑头转变成了健壮的青年,很让我高兴。于是,我美滋滋地摆弄着蒜苗,满心欢喜地等待着它长大。

等到放学回到了家,它竟垂下了原本挺拔的身姿,一副无精打采的样子,跟早上的样子大相径庭,这让我十分伤心。走近一看,原本在盘子里满满的水这时候已消失得无影无踪。我哭笑不得,有点儿生气地望着大蒜,责怪道:"你怎么这么贪喝啊!我还以为你要死了呢!害我白伤心一场!"这像极了母亲在面对受伤的孩子时生气而又心疼的语气。我不禁心里一惊,不就是个大蒜嘛!至于那么伤心吗?我才惊觉,原来我早已把它当作了我的家人。它生长,我高兴;它生病,我伤心,是它给予了我这么丰富的情感。

这,就是我种的大蒜,一个给予了我丰富情感,让我想好好照顾的大蒜。

那段快乐的日子

王子祥

"太阳当空照,我的心情好,今儿要把蜻蜓找……"

炎炎盛夏,我与堂哥顶着大大的草帽,哼着轻快的小调,乘着热烘烘的夏风,一蹦一跳地乱窜在四通八达的田埂上。热情的阳光前拥后簇地扑向大地,在叶梢上舞蹈,在河塘上闪耀,在我们黝黑的皮肤上蹦跳。蓝天下,阳光中,一切都沐浴着自由与活力。

玩累了,我定下脚步,环顾四周,静静地享受着大自然的美好馈赠。在这里,山是绿的,绿得雄壮挺拔;水是绿的,绿得轻柔妩媚;草也是绿的,绿得活力四射。就连那不起眼的石头,也是半截儿绿绿的,还有那迎面吹来的风,也似乎绿得可人。目光所及之处,无一不挤满了或浓艳或淡然的绿。绿充满了我的整个眼球,铺满了整个世界。这满世界的绿啊,似乎都要流溢出来,流到我的心坎儿里。站在这绿山、绿水、绿色的天地中,只感觉自己也变得绿莹莹的了,似乎渐渐要与这饱含着绿的世界融为一体了……

"来捉蜻蜓吧!"堂哥一声清脆的招呼将我从无限的神往中拽了回来。一点点绿影在翠林绿野间来回闪动、盘旋,忽上忽下,似点点星光缥缈不定,迷离中透着美丽。没等我回答,堂哥便撒开脚丫子扑向了那在空中群舞的绿光。但哪里会捉得到!那些绿光只是一圈圈地环绕在他身边,故意挑逗似的。任凭他怎么伸手,怎么跳跃,总是伤不了它们一丝一毫。有时眼看着就要成功了,那一点儿似乎唾手可得的绿光却又在这千钧一发之际灵巧地逃之夭夭了。一阵阵欢愉的笑声透过绿光,拂过草隙,四散开来。我懒洋洋地躺在这绵软的绿草上,享受着美景,沐浴着天籁之音。

乏了,我与堂哥便倚在小河边,把光着的脚丫伸进河中。清澈的河水从我的脚趾间穿过,只感到丝丝凉意缠上心头。偶尔有几尾小鱼游过,挠得人脚底痒痒的,蓦地把脚抬起,带起一朵朵晶莹快乐的水花。渐渐地,睡意向我袭来,我枕着小木桩甜甜地睡去了。堂哥用柳叶儿制成的短笛,吹响一支支不成调的曲子,曲声悠扬,我的思绪也随着这悠扬的曲声飘得很远,很远……

每当回忆起儿时,我的脑海中总会浮现出这样的画面。那段快乐的日子,成为我记忆中永远抹不去的印记。

她是位慈祥的人

毛奕如

夕阳西下,落日的余晖染红了整个天空,似乎整个世界都变得温和起来了。依稀看到了外婆的背影,时光打磨了她的棱角,剩下的是无尽的慈爱,暖暖的光照在她身上,思绪渐渐飘远……

记忆中,外婆总是很温和。她脸上的表情,始终都是柔柔的,盛满了慈爱。记得小时候,最喜欢看外婆笑,她一笑起来,我的世界似乎都被照亮了。她的眼睛微微眯着,盈满了温柔。

外婆从来没有骂过、打过我,哪怕再生气,她也只会绷起脸,轻轻地讲着话。

那一次,天空阴沉得叫我害怕。我抬头看看天,嗬,这样的天气,和我真配。我把自己关在房中,任泪水肆意流淌。门外传来小心翼翼的敲门声和她的声音,是外婆。

她来看我了。

"孩子，吃饭了。"外婆的声音不大，却在我心里泛起了一阵涟漪。

"不吃！"我把头闷在臂弯里，瓮声瓮气地说道。

脚步声由响到轻，外婆似乎是走了。窗外的雨似乎小了一些。

过了一会儿，门被推开。我睁开通红的双眼，看着那个熟悉到令我心安的身影，是外婆。她看着我，叹了口气，把一碗汤圆放到我面前："吃吧，芝麻馅儿的。"语气中满是心疼与慈爱。

"外婆。"我吸了吸红红的鼻子。刚才，她是给我去煮汤圆了吗？我低下头，吃着汤圆。热气氤氲，使我的心变得沉静。一口咬下去，芝麻馅儿流入我的口腔，又甜又暖。泪水再次夺眶而出，却不是因为难过。

外婆把我拥在怀里，揉了揉我的头发，唱起了我小时候最爱听的童谣，就这样，嗅着外婆身上的味道，心便不再烦躁。望向窗外，雨停了。天空，放晴了……

每次去外婆家，外婆都在厨房里忙碌。那是她在给我做冰糖雪梨。小时候，我的体质很差，总是不停地咳嗽，外婆就做了冰糖雪梨喂我吃。她拿起勺子切下一块梨，轻吹几下，就送到我嘴边。梨煮得刚刚好，软软的，晶莹剔透，甜蜜的汁液便划过我的喉咙，却一点儿都不腻。外婆就这样一口一口地喂我，看着我不再咳嗽，也就笑了。笑得很开心,就像是实现了某个愿望。

现在,我早已不经常咳嗽,却仍是爱吃外婆的冰糖雪梨,爱看外婆的笑。

窗外的人朝我挥了挥手,我抹了抹湿润的眼角,绽放出一个大大的笑容,喊道:"外婆,你真好!"

开在记忆深处的花朵

陈 雅

它是一朵平凡的小花，安详地睡在那件温暖的米色毛衣上。每次穿上妈妈为我织的这件毛衣，总有一股暖流在心里缓缓流淌……

记得那是一个入秋的晚上，空气中的凉意让我打了个哆嗦。妈妈便要连夜赶工，织完我那还差一个袖子的毛衣。于是，我在灯下做作业，妈妈就在灯下织毛衣。

突然，妈妈笑着说："我再给你钩朵花吧。"说着，她正双手提着毛衣领打量着她的作品，征得我的同意后，她就拿来钩针低下头，灵巧的双手便在毛衣上利落地穿针引我起来。只见她用小拇指轻轻钩起线，右手握紧钩针，眯起眼睛，手指捏住已缠在钩针上的毛线，看准时机，将钩针从毛线中穿了过去，又用食指轻挑起线，在空气中一个灵活的转弯，将线缠上钩针，此时，又将钩针向后一退,一根线便完成了。整个过程看得我眼花缭乱,复杂的步骤,妈妈却完成得极为娴熟。

不一会儿,一朵小花就嵌在了毛衣上面,红艳艳的花儿在米色的毛衣上怒放,颜色是那么浓,那么纯,没有一点儿杂色,简直像一团燃烧的火焰。微微四散的花瓣犹如几只蝴蝶,张开翅膀,停在空中,凝然不动。两根用毛线做成的细细的花蕊高高地翘起,淡黄色的蕊头微微晃动着。看着这朵逼真的小花,好像空气中都散发出阵阵清香,沁人心脾。

此时,柔和的白炽灯光洒落在妈妈身上,像是从钢琴键上跳跃下来的小精灵,又像是飞扬的流苏,零零落落地落在她微弯的嘴角上,在空气中,有一种特别的沉静安详。妈妈笑着端详着她织在毛衣上的小花,两条浓密的眉毛弯着,像两弯新月,眼睛微眯,眼角的鱼尾纹此时明显地显露出来,嘴角微微上扬,脸上的肌肉平整地舒展开来,目光充满爱怜,仿佛三月刚刚解冻的春水,几条皱纹在脸上划出一道优美的弧线。那一刹那,仿佛有一种返璞归真的纯净,美好。

我至今也没有忘记那个夜晚,那朵简单的小花,那漾在妈妈嘴角的甜蜜。一朵朴素的小花,寄托了妈妈多少的爱,我会把这朵小花,这份美好,永远珍藏在记忆深处。

岁末随想

洪海萍

车子在马路上飞驰，车窗外的天空是灰白而倾斜的。这一路上原先摆满了一排的水果摊，如今却见不着人了，只有几缕风在摊位上飘荡，单薄而寂寞。

一位老阿妈搓着青筋毕露的手在风中抖动。车速渐渐稳了下来，轻轻地停靠在路边。父亲下车去，把一股车上的暖气流送了下去。老阿妈抬起头来。"人都到哪里去了？""哦，这么冷的天，都回家过年啦！"老阿妈轻轻地讲。父亲挑了一些漂亮的草莓，便往回开了。我心里被狠狠烫了一下，回忆这才翻滚着不停息，向我涌来，都年末了，我都拥有了什么？只是去想拥有什么，所以自认为这一年，我过的是简单自持的生活。

今年是我邂逅无锡这座可爱而迷人的小城市后第一次亲近它。我们一家心里美美地去爬了惠山。在这平坦的城市，一切都是平静祥和的。山丘是可以掰着手指数过来的，但一座座都是那样的精巧秀雅。令我开心的山，真是一个极美的名词，山里的一切都有致命的吸引力。不论是青涩地横在路中央的柔软的藤枝，还是看不真切的丛中翩跹的蝴蝶，都有山里特别的气息。当炽热的阳光灼烧着大地的时候，树林散发出辛辣的松脂味，亲切地萦绕于我的面庞，召我，唤我。惠山惠山，你原来是这么个模样。这芬芳的香气帮我驱走心头的阴霾，心头也尽是蔓延着清香，走过这一年。

与此同时，我渐渐发觉，行走也是一件令人向往的事。我为一本书所打动。毕淑敏的《远行，与最美的世界相遇》震撼着我的心，这是我的宝物。我借着作者那清亮的双眼，看着这个世界，才发现，这一切都美好得叫人落下眼泪来。走下飞机的那一瞬间，旅人已和自己的文化断了脐带，与异地风情结下良缘。毕淑敏真是一位白衣天使，最擅长的莫过于抚慰心灵。爱上阅读，那是一个人的事情。

在这一年里，我更多的是在学习，学习如何在学习中生活，学习如何在生活中学习。这两句话想表达的意思是，学习从未停止过，生活也同样在继续。生活原本就不是乞讨，我们都要从容地活着，有目的，有方向地活着，不辜负一世韶光。大学梦是存在于我们每个孩子心中的，有了信念，有了努力，才能在枯树上看春满华枝，在无边的黑夜看到天晴月圆。这一年，学习和生活共同成为我生命中最重要的部分，缺一不可，我在一步步将它们诠释得更好。

　　晚上到家吃草莓的时候，惊讶地发现冻得略有些发紫的草莓比想象中要甜得多，这即是一年里，最幸福的沉淀。

观 棋

卢乡月

　　回家的路上看到老人在街边摆棋局，四周是稀疏围观者，阳光穿过梧桐木落在棋盘上，我也凑近看了一会儿。

　　棋局进行得并不快，棋子被一个个举起，落下，消灭，双方各自为营，直至一方败势显露，当局者叹，围观者散。

　　棋士常说：人生如棋。我理解为众生如棋。庸者如卒，终日惶惶不肯迈步，只在他人摆布下随波逐流却回不了头。他们是社会的小人物，是最多的我们。智者如相，平日低调不语，有着自己的思想领域和生活轨迹，只有棋面胶着时方显山露水。他们不可或缺，却不可独当一面。天马行空者如驹，看似常人却总出人意料，看似拘束却诡异难辨，常是局面的胜负手。他们是芸芸众生中的一员，却早晚会脱颖而出。故步自封者为士，不过是拥有了更多的权、更大的力罢了，他们如卒一般也是思想上的侏儒，终是被困在九宫格内。至于猛者为车，勇者为炮……众生百态，棋上一局。

他们是不完整的人格。被一双手驱使、吞没，那是上苍，是命运。

而那不过是一盘棋罢了，那不是我们。我们的人格远比棋上来得丰富，我们的规则远比棋上要自由。每个人是自己的将与帅。人生确实如棋，观棋、观人、观心。而我们却不是棋子，是控棋人。上苍与命运只是败者的借口，我们的思想行为、我们的未来、我们的胜负掌握在自己手中。我们的棋，由自己来下。

落子无悔。

角落里的美好

陆羿伶

家里买了一套新房子,喜悦的同时也意味着我马上就要搬离老屋,我望着院里那棵苍老的桂花树下那个疏影斑驳的角落,不禁思绪万千。

阳光暖晴的午后,奶奶便会领着我坐在树荫下,搬一张藤椅,拿来几块糕点,坐在树下纳凉。微风拂过,满树的绿叶哗哗奏响轻妙的音乐,院子的上空一片摇曳的苍翠,几许细碎的阳光不经意间从叶缝儿中掉落,漏下一片稍纵即逝的光影碎片。奶奶一手摇着蒲扇,丝丝缕缕的清风撩过面颊,另一手拿了糕点递到我面前,我毫不犹豫地一口吞下,一边嚼一边听奶奶给我讲她年轻时的故事。

她和爷爷结婚时,才搬到这栋房子。那时候,这棵老桂还是年轻的模样,她就和爷爷一起,坐在这块树下的阴凉里,肩并肩一起看对岸的油菜花。一条清流的小河贯穿这古朴的小村子，把村子分为两半，河东，是小巷深深，庭院幽幽的一户户人家；河西，是金黄的油菜花，一畦一畦的金黄，没过庄稼人的胸前，淘气的孩子钻进去，金黄的影吞没了纤小的人儿，只抛下一串金色的清脆笑声划破天空的平静。那时，岁月静好。

奶奶的声音像一个老旧的风箱诉说着过往的故事，我总是躺在她怀里，耳边的清风送来过往时光的呢喃，一边享受着静谧美好的故事，一边望着头顶上金黄的阳光，只觉得世界上最美好的事莫过于此。

金秋十月，风带来远方的寒意。这时候，满树的桂花全开了，远远看去，整棵树笼罩着一层淡淡的金色烟雾，米黄色的小花一簇一簇，树冠上的苍绿似是游走着一条金鳞巨龙，一缕一缕镶上金色条幅，但若走近了细瞧，又完全是另一番景象，一朵朵的小花，别有一番风味。隔老远，就能闻到它香甜的气息，甜到人心坎里去。我拉上奶奶，在树下铺一条毯子，抱着树干摇呀晃呀，树上便哗啦啦地下起了"黄金雨"，花朵争先恐后地跃落枝头，投向大地的怀抱，很快，细细的小花铺成了一方锦缎，有的地方花多点儿，是浓艳的金黄；有的地方花儿少点，是淡雅的米黄，我收起毯子，捧着它们向奶奶邀功，奶奶做的桂花糖水芋头很是好吃。

脚下的步子渐渐停了下来，透过那个角落，我仿佛看见了那个苍老的背影伴着苍老的桂花树，依旧忙碌着……望向那个角落，我想，失去的美好终会回到身旁。

外婆家门前的银杏树

施 瑶

来到外婆家,骤然发现门口的银杏树已经能够清楚地看到枝干了。树梢残留着几小簇黄叶,裸露的树枝在风中战栗。远远望去,整棵树孤寂而苍老。一片秋叶随风飘落,当它在空中飘起的一瞬间,竟然像有生命般轻盈起来,如断魂的蝴蝶,每一个跳跃,每一个旋转,都是那么孤独,那么无奈。

八十八岁的太公,双手背在身后,站在银杏树下,沉沉地叹气:"叶落归根,冬天来喽。"太公和银杏树有着深厚的感情。树,是他种的,外公出生那年种的,庆祝自己成了父亲。每年入冬,太公总在树下感叹。白发苍苍的他,看着看着,潮水般的感伤涌上来,于是默默地擦拭眼角的泪水。无声无息间,人与树都老了。

盼望着,盼望着,树梢钻出了一丝绿意。三岁大的弟弟，拉着我的手，用稚嫩的声音说："姐姐，绿！"我告诉他："春，来啦！"他兴奋地喊："春，来啦！春，来啦！"弟弟跑东跑西，告诉家里每一个人——春来了！春光乍现，叶儿微动。弟弟小小的身影，是阳光下最鲜嫩的一片叶子。

是啊，银杏生出好多嫩叶。一丛丛，一簇簇，在阳光下闪闪发光。一个星期不见，银杏叶长了好多，每一片都在努力地生长着。弟弟挣脱我们的环抱，开心地在银杏树下唱着，跳着，笑着……歌声蘸着绿色，笑声蘸着绿色，一切都是新的。

天渐渐热了，银杏叶又绿又密，肆意地流淌着生命的色彩。银杏树就像一把撑起的大伞。我脱去春装，换上最喜欢的白色棉裙。夏姑娘来了，我沉醉在银杏舒心的绿荫里。此时的它在春天的亮绿里渗入淡淡的墨色，多了份沉稳。

一转身，浓浓的绿色中夹杂了几点金黄。秋天，永远是外婆最忙碌的季节。她日日都要仔细地打量这棵树，等待一个个肉嘟嘟的白果成熟。银杏与外公外婆同龄。白果，是太公一年三百六十五天，天天必不可少的食物。一日五颗，一年一千多颗。金秋，外婆在为下一年做准备。

终于，秋风紧了，白果高傲地挂在枝头。苦苦等待半年，等来了辉煌，也等来了凋零！早晨，地上有几颗掉落的白果，外婆将它们拾起，放在专门盛放的大竹篮里。外婆去太公家收拾房间,她带着丰收的好消息一同过去。全家都很高兴。

这天,大家没少忙活。一大家子聚在一起打白果。一筐筐,一桶桶,一篮篮……笑声,欢呼声,漾满了整个村庄。

外婆家门前的银杏树,又走过了一个春夏秋冬……

暖　冬

项　昕

说起冬天，忽然想起红薯。奶奶的老房子里有口古老的炉灶，那是曾祖母传给奶奶的。奶奶时常跟我提起这口老灶，在以前缺衣少吃的日子里，这口充满热量的老灶养活了一代又一代人。

奶奶常常会在江南无雪却寒冷的冬日里给我在炉膛里烤上两个红薯。红薯是奶奶自己种的，那一小块田，被奶奶精心呵护，养出来的"宝儿"自然健康茁壮。奶奶总会给我选上两个最大个儿的，把上面的土轻轻擦干净，往那红火滚烫的灶壁上一贴，一份香甜的期待也便开始了。伴随着柴火"噼里啪啦"的蹦跳声，在火苗的活泼蹿动中，奶奶取出烤好的红薯。刚烤好的红薯通身软嫩，奶奶拿纸捧着氤氲着热气的红薯，生怕磕了碎了。我一向爱吃这烤红薯，眼巴巴地盼着，盼着红薯的香甜，盼着奶奶的慈祥、温暖。

依旧是北风呼啸的寒冬，仍不会忘记2008年的那场大雪。轻飞曼舞的雪精灵从灰蒙蒙的天空中诗意地落下，雪笼着这座难得见到雪的城。江南的雪有着独特的雅致风韵，本以为只是一场雪花的舞蹈，却没想到路面上也结了一层薄薄的冰，使这江南的冬也多了几分威严，多了几分对人们的考验。环卫工人在冰雪中劳作，一次又一次地敲击，瓦解了冰雪的意志，也保障了人们的安全。他们的手或许冰冷，但他们的心是温暖的，温暖着整座城。

冬天里最幸福的事莫过于和家人团聚过上一个红红火火、热热闹闹的新年。孩子们一张张红彤彤的笑脸，亲人朋友们一声声真诚的祝愿，无不传递着辞旧迎新的快乐与温暖。我总期盼着锅盖掀起，捞出饺子的那一刻，一个个白胖的饺子，惹人怜爱。一口咬下去，满嘴是说不出的香。寒冷的冬天，暖暖的饺子，一种说不出的温暖。

窗外，风儿依旧呼啸。在冬日，想到这些，心上总是暖暖的。

秋日回乡偶拾

杨子昀

我生在无锡,长在无锡,祖籍河南。爷爷奶奶如今依然生活在河南,老人恋故土,因此,我们一年总要回两次老家,看望他们。这次十一长假,我们又回到了老家。

几个小时的长途奔波后到家了,奶奶早已等在大门口了,见到我们,只是一个劲儿地重复着一句话"回来了,回来了……",不时地拉起我的手,还摸摸我的头,自言自语,半年没见又长高了,越发漂亮。爷爷笑呵呵地迎了出来,只是憨憨地笑……我细看爷爷奶奶,半年不见,像是又老了一点儿,我的心里一阵酸楚,低着头,走进家门。

之前,我们基本上都是回老家过年,那时天气寒冷,有时还会飘着雪,人便不愿出门。寒冬腊月,天寒地冻,放眼望去,光秃秃,灰蒙蒙的,没有一点儿生气。

这次回家，正值秋天，我看到了家乡久违的秋景。

我们到达的第二天，奶奶说要带我们去摘石榴，采枣子。从小生活在城市的我，听到这个便欢呼雀跃。在我的记忆中，还是十岁那年时摘过石榴，记忆早已模糊了。一早，我们就收拾东西，出发采摘去了。走过陡峭的山路，石榴园便出现在眼前。石榴种成了三排，石榴树不是很高，大概有两米，却成了一片浓荫。我们站在树下，放眼望去，绿叶之中，火红的石榴藏在其间，若隐若现。拨开树叶，石榴似灯笼挂在枝头：有的红中带白，还没有完全成熟；有的红得似火，那红仿佛是染上去的，红的汁液好似都要流出来了；还有的红得发紫，已经咧开了嘴巴，几只蜜蜂埋在里面，尽情地吸食着里面的蜜水。有的石榴小巧玲珑，有的圆滚滚、胖嘟嘟的，十分可爱。摘下一个石榴，掰开它，里面的石榴籽似一颗颗晶莹剔透的玛瑙，在阳光下闪闪发光。里面的籽越是红，就越是甜。虽然有些裂开看起来不好看，但那却是最甜不过的。将石榴塞满嘴中，用力一嚼，汁水四溢，像蜜水一般，香甜无比。在石榴园中吃石榴，无须像在家中一般，一粒粒剥下，只要将石榴的皮膜去除，咬下满满一口，那感觉，真是爽快无比！

下午，奶奶又带我们去了枣园。几天前连续的下雨，导致树上的许多枣子都掉了下来，掉到地上，从远处望去，如盛开的野花，给这季节增添了一份别样的景致。树上的枣子大多红透了,有的红得发紫,也有些红中带青,无论什么样的,咬一口都甜得深入人心。

  这次回家,不仅感受到了浓浓的亲情,亦感受到了秋天的丰硕喜人,收获满满,不虚此行。

雪里绍兴

季珺奕

古城，大多难逃城镇化建设带来的改变。比方说西安，曾经的繁华早已褪尽，大雁塔、鼓楼都已是闹市中的点缀。苏州也让人蹙眉叹息，曾经的古韵困在新建的白墙青瓦里，莫名让人失望而又惋惜。

于是怀着这种审美疲劳，在春节末，去了一回绍兴。

刚走上街时，风雪就弥漫开来，雨夹杂着雪，潮湿了街旁的酒旗和脚下的青砖。适逢春节，街两旁的店铺多没有开张，只剩下零零散散几家杂货店敞开着门。正值饭点，杂货店里的人捧着饭盒，袅袅的热气便被风雪烘托出来了。雪无声无息地抹去了绍兴的喧哗，还原了一个古城的本色。街上人迹罕至，抬望眼，窗棂上、屋檐上、黛瓦上积起了一层薄雪。

石桥的台阶上，薄雪踩起来窸窣作响，桥下的一曲流水接着盈盈的雪，淌着楚楚动人的美。没有过度的商业开发，石桥两岸，是最普通、最纯补不过的民宅。朴素的白墙青瓦，窗沿儿上落着一点儿雪。屋里的老人静坐一把木椅，也不关门，静望门外风雪飘摇。走过这栋房子的时候，所见之景刹那间引起我记忆深处的共鸣，生长在江南的我，对于那幅雪里民宅的画面怎么能不熟悉？怎能不怀念？感动悄然萌生。

家乡的曲水流觞，镂花雕墙在城镇建设中粉身碎骨，绍兴却依然这般情景！不由得，心里竟生出妒意来。

在那样一个雪天，我邂逅了一个意料之外的绍兴。

乌篷船驶过桥洞，任由风雪湮没了它的身影。

紫藤花开

殷悦菡

每当我不开心时,我总喜欢在大街小巷里穿梭,把附近的巷子走个遍。那一天,我受到了委屈,和往常一样,走向一条偏僻的小巷。

黄昏的风吹着花,细雨点洒在花前,紫藤花开了,轻轻地飘着香,没有人知道……一路走来,还是一个人也没有,踏着深青色的砖石,衣袖拂过潮湿的青苔,我走过一条又一条小巷。咦?几点紫色若隐若现在一间老屋背后,这才注意到有一条小道,我之前从未发现,一棵树伫立在那旁边,使旁人把这小道忽视了。

强烈的好奇心驱使我走向它。小道上杂草丛生,其它的小道上虽然也有杂草,但是这一条显然是很久没人走过了。走过小道,一个古老的院子出现在我眼前,古墙上已满是青苔,透过嵌在墙上的雕花木窗,看到了紫色的影子。我走进院子，砖石上布满灰尘，杂草从石缝里挤出来。一棵紫藤花树立在中央，它已经很老了，它默默地伫立在院子里，曾经与一代又一代的人相伴。我为这一切所吸引，暂时忘却了我所受的委屈。

现在正是紫藤花开的季节，一串串怒放的紫藤花垂下来，满树都是粉色、紫色花，它们遮去了树枝，遮去了花树的古老。"你好啊。"一个女孩子的声音突然从我的背后传出，我立刻转过身，看到一个比我大几岁的女孩子对我笑着，"你是怎么找到这里的？一般人可找不到哦。"我看着她温暖明媚的笑容，放松了警惕，对她笑了笑。她走近我，脸色变了变，说："你怎么啦？"她一定是看到我因为哭还红肿着的眼睛了。我含糊地说："没什么。""有什么事要说出来，不要憋在心里。"我看着她那清澈见底的眼睛，似乎感到有了依赖，把事情告诉了她，说着说着，我的眼睛又模糊了。她带着我坐到花树下，开始安慰我。

我静静地听着，抬起头，密密麻麻的紫藤花，占据了我的视线，没留下一点儿缝隙。我不禁想，她笑起来就像这花一样好看。我渐渐开心起来，她好像生来就有着能让别人快乐的魔法。接下来，我们在院子里，在紫藤花下谈了很久。我得知，这里是她家早已废弃的院子，现在马上要拆掉了，她最后再来看看这里。她告诉了我这座大院的故事，这棵花树的故事。

后来，由于各种原因，我再也没去过那儿，我也不知道那天那个大姐姐叫什么，那个院子想必早已不复存在了，不知那棵花树如何？那个大姐姐是否还记得我？但是大院，花树，还有大姐姐，在我心里都还是原来的样子呢，我永远也不会忘记那次的经历。踏着深青色砖石，走进古老的大院。那里，有紫藤花，有她，还有我美好的回忆。

"紫藤花开了，没有人知道！蓝天里白云行去，小院，无意中我走到花前。轻香，风吹过花心，风吹过我，望着无语，紫色点。"

冬　阳

陈虞翔

　　冬天里的阳光是昂贵的。
　　在那片灰黄色的枯草地上，白细沙的河滩上，或者亮丽的阳台和走廊上，把自己摊晒在阳光下，任那暖烘烘的金色穿透厚重的冬衣，从里到外把周身弥漫……那时候，你感觉自己就是一棵树，一根藏在土中的草芽，或者一只沉入冬眠的小动物。你会告诉自己：醒来吧，萌发吧，再生吧，延续你生命中所有的幸福与痛苦！
　　最喜欢冬天了，不光因为她的纯洁无瑕，更因为她的阳光让我感到温暖，给我一个好心情。可是，今年的冬天却是格外的反常，一连几天都是阴雨天，全身的细胞就快要发霉了。郁闷，真是郁闷！童年的时候，也是在这样的阳光昂贵的冬天，我曾幻想着像小动物储存过冬的食物一样，把阳光储存起来。我想着用一只瓢，舀起阳光，装进一只密封箱中，然后可以在朔风呼啸的雪天，倒出来享用。

冬天的阳光照在身上，很暖，很温馨。

仰望天空的时候，看到柳絮一样的流云，淡薄而疏落地挂在天幕上，隐隐透着淡淡的蓝。那个瞬间，感到天地间静默而美好。

曾以为透明意味着虚无，却渐渐发现其中糅合着淡淡的色彩。透明的蓝，透明的紫，透明的喜悦与忧伤，淡淡从容的心情。曾以为透明是脆弱的象征，玻璃一样的易碎。却渐渐悟出，她是如此坚韧——那种单纯的快乐和自由的宁静。一如那自由自在的闲云，那个牵动我心的水晶苹果，那站在风中凛冽而清凉的纯净感觉。

所有这些，都是冬阳赐给我的。

冬天，虽然伴随着严寒与凛冽，可是依然不乏美丽之处。她的美不喧嚣，不像春天美的那样张扬，夏日美的那般火热，秋日美的那样琐屑。她需要真正懂她的人才能体会得到。

冬天的阳光是昂贵的，她是生命和幻想的呵护者。她给我的心，留下了一抹绚丽的温暖。

黄 河 之 吼

王子川

"风在吼,马在叫,黄河在咆哮,黄河在咆哮!"一遍遍听着冼星海的名作《黄河大合唱》,我越发渴望能目睹惊天波涛,聆听黄河之吼。终于,在壶口,我实现了这一夙愿。

车子在盘山公路上颠簸,放眼望去,千沟万壑的黄土高原寂静而苍凉。突然,有人喊了一声"黄河",原本安静的车厢立即充斥了各种议论声、欢呼声,所有人都争先恐后地向窗外看去。只见前方连亘的山坡脱去了翠绿的青纱帐外衣,露出了黄色的自然本色,倏地向下一陷。这时,汽车突然来了一个大转弯驶入了峡谷,我们眼前便出现了蜿蜒流淌的黄河。汽车渐渐下坡,我这才看清一串串奔腾而过的浪花。它们看起来是那么欢快,好像无垠的沙漠中赶过一群群洁白的羊。若不是它们,我简直无法区分哪儿是山坡,哪儿是黄河。黄河真不愧是含沙量最大的河啊!渐渐地,河道分流成三支,变窄了,最中间那支越流越急,最后——"哗!"这就是壶口瀑布了。汽车飞驰,瀑布转眼就在脑后,但我初步感受到了它恢宏磅礴的气势。

进入景区,我就隐隐听到水流的轰响,便和大伙儿一道直奔河边。河边尽是许多怪石,有的表面布满了大大小小、深深浅浅的石洞;有的石头上排着一层层的波纹;还有的石头凹陷处积满了干硬的像被压过的沙。这大概都是千百年来被黄河侵蚀而成的吧!我顺着石阶下到了黄河边,侧着身子,沿着石壁缓缓移向一块大石,从上方俯视黄河瀑布的下游:只见方才分到边上的两股河水也在此汇集,在两岸形成多处较小的瀑布。这里虽然距离主瀑布较远,但是水流十分湍急,水浪怒气冲冲地扑向岸边,重重地把自己摔在岩石上,一部分摔得支离破碎,溅出层层水花,另一部分则猛地弹回来,与后来的浪形成一个个漩涡,疯狂地打着转儿。可是即便如此,浪花还是固执地,如饿虎般地扑向岸边,在浑浊的黄河水上泛起一层层白沫,怒吼声不绝于耳,好似黄河高唱着激昂的歌。

看好了下游,我朝着瀑布口走去。这时感觉大地在微微地震颤,这是"黄河在咆哮"吧。听啊,那声音有大雨倾盆的壮美,有雄狮怒吼的力量,有千军万马的勇猛。这已不仅仅是黄河在咆哮、呐喊,而且是黄河儿女在咆哮、呐喊，乃至炎黄子孙在咆哮、呐喊！循着这声音，我终于望见了壶口主瀑布。黄河水波涛汹涌，层层巨浪怒吼着，涌到瀑布口，毫不迟疑、义无反顾地跃了下去，溅起的水花劈头盖脸地向我们打来，瞬间把我们全身打得湿透，但它浇不灭我们心中的热忱！游客们一个个都手扶栏杆，探出身子，满怀深情地凝视着这千百年来哺育了无数中华儿女的朴实又无私的母亲河，神情中透露出对她的热爱。我透过水雾向上游望去：似乎是河道过于狭窄，河水向上涌了起来，你推我挤，浪花时不时地凌空一跃，仿佛迫不及待地要向前冲去。在跳下瀑布口时，河水好像刹不住车了，还想向前腾空。大概黄河的天性就是要向前的吧！其实，这也是中华民族的天性，就是要向前，就是要进步！

　　黄河之吼，不仅是波涛之吼，更是民族之吼。它不仅吼出了黄河之雄伟，还吼出了炎黄子孙对黄河的热爱，更吼出了中华儿女对家乡对祖国的赞美！

爬 山 虎

钱珺琰

在爷爷院子里的藤架上，长着一片爬山虎。它们终年盘曲而上，郁郁青青，给爷爷家的院子增添了几分绿意，成为一道亮丽的风景线。我爱这充满生机的爬山虎。

每次走进爷爷家的院子，便会被那一大片绿意吸引。爬山虎密密麻麻地遍布着，它们你挨着我，我挨着你，互相推挤，只为能得到一片充满阳光的绿地，活像撒泼的小孩儿。它们顺着藤架往上爬，使劲儿地往上爬，互不相让，往那最高处攀登，因为在那才能得到最充足最饱满的阳光。多么积极向上的爬山虎！远看，只见一大片的绿，不见其终极，不见其发端，如一条瀑布倾泻而下，并且散发出点点绿意，就像一瓶绿的墨水瓶倒翻了，到处都是绿意……近看，这点点绿意层层交织在一起，重叠在一起，交叉在一起，反正整个眼里都是绿的，在阳光照耀下，点点绿意泛透出光来，在阳光下熠熠生辉，令人流连忘返。我爱这充满生机、绿意浓浓的爬山虎！

有天晚上，屋外刮起了大风，下起了大雨。我不禁为爬山虎感到担心，这样的暴风雨它能顶住吗？我实在不敢想象明天早晨起来窗外会是一片怎样的景象。满地的爬山虎叶凋零在地上，失去了往日的生机，只是死气沉沉一动不动地躺在地上。我害怕看到这样的景象，只是希望它们能存活下来。

第二天早上一出门，一大片绿意便吸引了我的目光，爬山虎还活着！它们比往日更苍翠，更挺拔，更熠熠生辉！在雨的冲刷下，它们散发着生机，仿佛在向世界宣告："我获得了新生，我会比以前活得更灿烂！"它们依旧你挨着我，我挨着你，互相争艳。一阵微风吹来，爬山虎也随着风的节奏，好像舞蹈教练在指挥，所有的绿就整齐地，按着节拍飘动在一起……多么美妙，富有生机啊！而周围又是一幅怎样的景象？爷爷平常种的花都由于暴风雨而凋零，一片片花瓣落在地上，沾上了脏脏的泥水，这也宣告了它们生命的终结。

这爬山虎不正如我们的人生，暴风雨不正像我们遇到的困难吗？我们的一生也充满困难，充满挫折，如果你挺过来，顽强地战胜了它，那么你便会像那片爬山虎一样顽强地生活下来，并且活得更灿烂，走向那充满希望美好的明天。如果你像那些花瓣一样决定放弃，那么你一定会在困难面前低下头,被自己打败,从此你的人生也再无巅峰。所有的一切,都只决定于你,未来把握在你自己的手上。

我爱那顽强且有生机的爬山虎。

那段温暖的日子

流　音

王佳怡

　　不知为何，那袅袅的歌声似乎总是随着潺潺的流水，进入我的脑海。

　　粉墙黛瓦，小桥流水。苏州同里古镇的浓浓古韵，仿佛香炉中幽幽的香味，似淡，又浓，似乎时时萦绕在身边，熏染着我们。游人如梭，常常看见金发碧眼的外国人，坐在衬着蓝印花布的木桌边，自如地谈着话。现代与古典相碰撞，不仅没有擦出火花，反而融合在了一起。路过他们身边的时候，看见午后的阳光在他们金色的发上晃动，心中不禁泛起一种说不出的舒适感。

　　穿过湖畔，穿过一张张排列在湖边的木桌，穿过呢哝的吴语，忽然，在午后慵懒的气氛中，透进了悠悠的歌声，如此清澈，但又仿佛带着淡淡的朦胧；如此真切，又如此模糊，撩拨着我的心弦。我不禁走向那咿咿呀呀的歌声,却发现,那歌声,竟是出自……

她仿佛黑枯的树干,皱纹伴着多年的风霜深深刻入她的肌肤,又黑又瘦,十分粗糙。她的眼睛很小,若不是从中射出的炯炯的光,我几乎认不出她的眼睛!真难想象,如此动人的歌声竟然来自于如此丑陋的人。另外,她宽宽的手掌托着一个小小的木质击打乐器,为自己伴奏。她身上套着一件过于嫩气的花布衫,两根大辫子用粉色的头绳绾起,垂在头的两侧,显得她让人难以形容:说她什么呢?老吧,连老人的稳重都没有;说她年轻吧,她的容貌却如此苍老。

这时,视线渐渐从她身上转移到旁边:一张同前面所见一样的木桌,一个人拿着一张纸,大模大样地靠在椅子上,跷着二郎腿,轻轻地用脚打着节拍,身边的另一个人则低着头吃饭,我凑近一看,那人手中拿着一首歌的歌词,歌名为《珍珠塔》,是由同里著名景点"珍珠塔"中传诵的爱情故事所改编的。这时,我一下子明白了,她是一个唱歌的!

我内心顿时涌起一阵心酸,她打扮得如此花哨,只是为了吸引顾客,她恭恭敬敬地站在那儿,尽心竭力地唱,他们却优哉游哉,完全不把她当回事儿。她如同古代的歌女,却连歌女也不如,如此的卑微,寒酸。我不忍心再看下去,便扯了扯爸爸:"我们快点儿走吧。"可爸爸却止步不前了:"停下来听听嘛,她唱得挺好听的。"我没办法,只得留下。

渐渐地,她的歌声引来了越来越多的人,而我始终以怜悯的眼光看着站在人群中的她。过了一会儿,她唱到精彩的地方,一个扛着大照相机的人带头鼓起掌来,喝彩道:"好!"爸爸,妈妈,也跟着鼓起掌来,周围的人都为她叫好:"您唱得真好!""下次我们请您上电视!"……她被一阵赞扬声湮没。她被围在人群中间,露出一脸纯真、满足的笑,咬着清楚的普通话说:"谢谢,谢谢啊!"我顿时愣住了,那笑容,没有一丝谄媚,干净得如清水一般,仿佛孩童般纯真。我不禁涨红了脸,羞愧之感涌上心头。

又过了一会儿,人群渐渐散开,我们也走了,走到河对岸时,我仍能听见那袅袅的歌声,仿佛被洗濯过,如流水般缓缓流淌。我又看见了那粉红色的头绳,在阳光下晃动。

我抬起头,看见阳光从稀疏的叶子中漏下,明晃晃的,它仿佛是从天上泻下的一泓湖水,清得没有杂质,暖暖的,我眯起眼睛,喃喃道:

"好干净啊!"

外公的橘子树

陆莹绮

外公家有一棵橘子树，前不久，橘子树结果了。

外公平时最爱这棵橘子树了，每天出门前总会给树浇水，一到刮风的时候，会找出一根很粗的木棒伫立在一旁，搀扶这橘子树。

橘子树在平房的一角，不高，没什么特别的。我在边上还得俯视这棵树。妈妈总和外公说："橘子树这么矮小，一定结不出什么果实来。"外婆也老和外公说："这树呀不是什么好品种，长不出好果实的。"但外公仍然日复一日地浇水，小树奇迹般地茁壮成长。

前不久回外公家，我欣喜地发现，橘子树结果了！茂密的绿叶中探出几个青涩而又小巧的果实，没想到这橘子树还真可以结果！妈妈和外婆都感到惊讶，外公自豪地说："这橘子树上一共结了十七个橘子！"

再过一个星期，外公激动地打来电话，着急地催我们回家吃橘子。我们马不停蹄地赶回去，只见外公手里捧着四个又大又黄的橘子。这哪是一个礼拜前那涩小的果实呀！我把橘子握在手里，这橘子比我的拳头还大，两手捧着还觉得酸哩！我用力地剥开橘子皮，橘子汁溅了我满脸，再看橘子皮，又厚又硬，我开玩笑说道："这哪是橘子皮呀，都快成柚子皮了！"谁也没想到橘子竟如此的香甜，汁水丰富，颗粒饱满。一口气我们吃了八个橘子。外婆半开玩笑半说道："只有你们回来他才这么大方，我在家连橘子树都不让碰一下，怎还吃得到？"外公挠挠头，只是笑。

临走前外公塞给我两个大橘子，妈妈说："家里橘子多着呢！你自己留着吃吧。"外公不以为然："外面买的橘子哪有我的橘子好吃啊！"我欣然地接受了两个大橘子，在回家的路上，我不停地抚摸着这两个橘子，厚实的果皮好像外公的双手，粗糙却有力。这两个橘子承载的是满满的爱意，满满的关怀。

外公的橘子树，结果了。

天门山上的守护者

倪嘉辰

　　海拔两千五百多米的天门山位于湖南张家界，山顶上云雾缭绕，好似神仙的居所般神秘而幽静。

　　天门山上住着一群辛苦但又幸福的百姓，他们尽其所能地守护、热爱着他们的家园。

　　一天清晨，我们乘坐缆车来到天门山半山腰，坐在缆车里，整座山的风景一览无遗，俯视大地的感觉极好。途中，我注意到了山上有一些茅草搭成的简陋的民居，心存疑惑，住在这么高的山上的人会是如何生活的呢？难道真像书里所说的是山间隐士吗？下了车，脚步不自觉地朝着茅草屋的方向走去，我看见几个年过花甲的老妇人好像在编织什么东西，几株不知名的植物在她们的手上不停地翻转着，她们注意到了我，招手让我过去，我正在犹豫时，一张张黝黑慈祥的笑脸促使我走向前去，原来她们刚刚编的是花环，她们拿了手中一个刚编好地递给我，欣喜地看着我戴上花环，互相说着当地的方言，虽然我听不懂，但我能感觉到她们善良、淳朴的心灵。快到晌午，手扛大扫把的老汉归来，颗颗硕大的汗珠从他们黑得发亮的脸上滚落，顾不上用肩上泛黄的毛巾擦一下脸，就径直走进屋子，拿起桌上早已准备好的饭菜大口吃起来，宽边大碗里，几根辣椒，一些野菜，还有一块腊肉。听他们说，他们的子女大都下山到外面打拼，而他们留在山中，白天男人们拿起扫把，自发地打扫景区环境，毫不嫌累，反倒说这样一举两得，既可以呼吸新鲜空气，锻炼身体，又可以保护他们的家园，妇人们编制花环卖给游人挣两个钱贴补家用，时不时唱两句山歌放松一下心情。到了晚上，皎洁的月光洒进屋子，耳畔是虫儿美妙的歌声伴着风的节奏谱写的一曲大自然的交响曲，这样的环境下，饮酒聊天，好不惬意，远离现代社会的喧嚣，在山里与世隔绝，自得其乐，真好。他们愿永远留在这个大山里，享受大自然给他们的恩赐，他们用自己所能做的一切，守护着这座大山，守护着得天独厚的"风水宝地"。

　　他们渺小，但不卑微；他们虽然物质条件不富足，但精神上比任何一个城市人都满足，他们是天门山的守护者，是真正拥有大自然的人！

美丽的感动

范云超

在我的记忆中，父母向来不是一对恩爱的夫妻，他们动不动就会起纠纷，动不动就会吵架。但有一个画面，彻底颠覆了我的观点。

今天夏末，母亲在洗澡时偶然发现胸侧长了一个不明物块，就告诉了父亲。他们在争吵中决定去医院检查。我也跟着去了，我很担心母亲，怕这是致命的肿瘤，若果真如此，那我就会失去最疼我的人了。医生初诊就确定这是一个肿瘤，但是良性的还是恶性的还不得而知，要等X光片出来才有结果。

至少还有希望吧！我和父母都守在拍片室门外等待结果，母亲坐在候诊的椅子上，父亲则来回踱步，似乎不敢相信发生的一切。

也许是相爱多年，原本看似水火不容的父母，眼神频繁地交流着，好像两人有心灵感应。最终，父亲坐到了母亲身旁，一手把母亲搂入怀中，一手则拉住母亲的手，十指相扣，相互依偎在一起。母亲眼中闪着泪光，显得那么柔弱、悲伤；父亲眼中还带着平时的严肃、坚毅，他好像下定了决心，要与死神争夺自己的爱人。阳光好像也被打动了，照向了这对夫妻，在阳光下，他们散发着不可名状的爱的味道。他们就这么坐着，世界毁灭也拆不开他们，海枯石烂他们也不分开。

这种无声的爱的表达，比那些高喊"我爱你"，要浪漫、感人得多。我站在角落，看着他们恩爱地抱着，有着说不出的惬意，我第一次感受到了爱的神奇美妙。我好想让时间就此停止……

医生最终诊断母亲长的是良性肿瘤，只需一个小手术就可以了。不用说，两人听了是欣喜若狂，热泪盈眶，刚刚松开的手又重新牵在了一起，他们相视一笑，又不约而同地投入了对方的怀抱。

一直作为旁观者的我，虽谈不上感动得落泪，但也已经是泪眼汪汪。父母两人都是暴脾气，都是有话直说的直心肠的人，他们几乎每天都在拌嘴，每天都在斗气。我一直认为他们之间的爱是不存在的，即使存在也是不长久的，也是难以维持的，而这个画面却使我坚决地否定了这个想法。看着眼前平时看起来似乎水火不容的夫妻两人，现在居然用爱的力量来一起面对病魔，我想这也许就是我还不能懂得的真爱吧。

  说实话，这样的画面直到今天还回旋在我的脑海中，带给我感动和思考，真让我流连……

这样的画面，让我流连

吴雨倩

生活就像一幅多姿多彩的画卷，由太多太多的画面组合而成，而一直徜徉于我脑海，挥之不去的，要数那大片金黄的向日葵了。这样的画面，让我流连……

前段日子，我听说蠡园有葵花展。最喜爱向日葵的我又怎能错过这样的大好机会呢？于是，我便缠着妈妈带我前去参观。

踏进葵花展大门，一条曲折的小径便映入我的眼帘。道旁整整齐齐地种着两排向日葵，顺着小径，曲曲折折地伸向远方。我不禁雀跃起来，步伐渐渐加快。小径并不长，在快要尽头的地方突然一转，大片的葵花海就这样毫无遮掩地呈现在我的面前。放眼望去，满目皆是耀眼的金黄，满满当当，横无际涯。这葵花的黄，不像深黄那么沉重，也不如浅黄那么寡淡，而是像太阳光芒那般夺目的金黄，那么恰到好处地给人一种活力与生机。这种深一丝嫌沉、浅一些嫌浮的颜色，这种分毫不差的精准的颜色，是任何一个技术高超的画师都调不出的颜色，大概也只有大自然才能诠释出这种完美的色调了。

忍不住走近些，那一株株向日葵便可看得分明了。它们一株紧挨着一株，但并不倚着、靠着，而是以挺拔的身姿向着太阳的方向努力生长着。它们宛如一个个提着裙摆的公主去赶赴太阳先生的宴会。我仿佛又能看到她们明媚的笑脸，那么甜，那么美，就像是个贪吃的孩子得到了糖果，甜美又满足；又似情窦初开的少女对爱情的憧憬，羞涩却向往……望着这画面，一株株、一片片，满眼满心的金黄，我不禁为此恍了神。

这时，一只彩蝶突然闯入了我的视野，轻轻地落在距我不远处的那朵葵花上。我由此端详着那一花一蝶。蝴蝶正好落在了向日葵的花盘上面，它彩色的翅膀尽情地张开着，在太阳光下熠熠生辉，映得葵花愈发令人喜爱。再放眼望去，整片葵花地中的葵花虽全部朝着同一个方向生长，却以不同的姿态将自己展现给游人。那青绿色的花瓣紧裹着花盘，是那么楚楚可怜；那花瓣尽绽、傲然挺立的，是那么绝美动人；那花朵凋零、花盘结籽的，又是那么寂静凄美……每一朵花都在用尽全力地将最美的自己展现出来，令我怎能不爱？在阳光柔和的照耀下，我眼前那片金黄的海好像在不断地放大，放大，直到我也慢慢的融入进了那金黄之中……

很多人都问过我,为何会喜欢向日葵?也是,女孩子一般都会喜欢玫瑰、百合之类美丽芬芳的花,可我独爱那向日葵。我爱它的那份质朴、简单,爱它的那种生机勃勃、活力四射,更爱它那份对温暖、对光明向往的不懈追求!

满目金黄,满心温暖。这样的画面,让我流连……

你温暖了我

李舒航

天气渐渐变凉，又是凉秋。但我知道，就算天气再怎么冷，我也不会挨冻，因为有你，寒冷不再，温暖依旧。

小时候的我体弱多病，常常会因为不小心着了凉而引发各种感冒等病，而感冒往往只是前锋，支气管炎、肺炎会接踵而至。这样的我，也就只能往返于家和医院，一次次地挂水、吃药。父母要挣钱养家，照顾我的重担就落在了你身上——我的奶奶。或许就是从那时起，你的手中就多了一套东西，两根银针，一个线球。

每每在家中看到你坐在阳台上，戴着老花镜，歪着头对着阳光，不停地织着，织着，好似那就是你的全世界。年幼的我也时常因为没人陪我而无理取闹或赌气、耍皮。然而你总是会放下手中的线和针，跑过来抱起我，说着："团团别闹，等给你织好毛衣，你就不会冷了，我就来陪你，我发誓！"看着爬满皱纹的你，气也消了大半。我轻轻地拉着你的一角，闻了闻，有阳光的味道，还有你身上特有的洗衣液的味道，很温暖。

等到我年长了一些，不再哭闹时，您还是依然坐在阳台上，戴着老花镜，歪着头对着阳光，不停地织着，织着。这次，我能看清你的动作。两只苍老的手摆弄着那根银针，好像银蛇上下翻舞；细长的先穿插着，好像精灵前后跑动。我身上已经穿着你织的毛衣，不厚，但是比千万件衣服叠在一起还要温暖，是钻不进一丝风的那种安全细密的温暖。初冬的阳关透过玻璃，洒下满地金黄，照耀着你苍老的手和洁净的针，我闻了闻自己的毛衣，一直暖到心里。我就这样呆呆地坐在小板凳上，呆呆地看着你，你不时转一下头看看我，露出一抹笑，就像天上的太阳。

不知坐了多久，你站了起来，手中神奇地多了一件衣服，你轻轻地把我唤过去，道："团团来试试，合不合身。"我点头，穿衣，毛茸茸的质感，挠得我脖子痒，但服帖暖和。我看着你的眼睛，隔着镜片，我感到一束光包围了我。窗外阳光正盛。

一件件毛衣，是你一个个春夏秋冬织出来的，从小号到大号，从薄款到厚款。也许款式单一，但绝对温暖，不仅是衣服本身，里面更蕴含着你浓浓的温情，浓浓的爱。

今天十点半时刻，我坐在考场。天气预报说今天气温降十度，但我丝毫不冷，相反感受到的是心底的暖和——有你，温暖了我。

家中的新成员

凌 圳

一个星期天,从妈妈打来的电话中得知她已经在医院生下了小弟弟。当时,我甚至可以听到电话那头婴儿的啼哭声,我产生了一种说不出来的情感,又是喜悦,又是激动,还有一点儿迷茫和不知所措。

好不容易等到了放假,一到家,我连鞋都来不及脱就小心翼翼地朝卧室走去,当看到正在妈妈怀里熟睡的弟弟时,我很激动,我当哥哥了!他的头发不知为什么,格外乌黑,眼睛也格外纯净。我用手万分小心地碰了碰他的脸,他两只粉色的、肉嘟嘟的小手挥了挥,小嘴一张一闭,像鱼儿的嘴一样,那两条淡淡的眉毛纠结地蠕动着,似乎在因为打扰了他的香梦而生气。

不一会儿,他睡醒了,我提议抱一抱弟弟,妈妈便教了我抱小孩儿的姿势。可能是我抱得不好吧,他不停地扭动着，两只青蛙脚用力地蹬着，脸上的表情仿佛很痛苦，张大嘴巴，像是要倾诉什么。终于，一声清脆的哭声刺破了空气，我招架不住了，我越哄他，他哭得越厉害。妈妈总算是来了，她从我手中接过弟弟，另一只手拿着奶瓶喂他喝奶。他的嘴碰到奶嘴，先含了几下，又沉思了几秒钟，似乎在纠结着什么，几秒钟后，便开始猛嘬起来，他的脸颊不停地鼓动着。瞧他那样，不知道的人还以为谁要跟他抢呢。看着他，我突然也想喂喂看，我接过奶瓶，仿照着妈妈刚刚的姿势，不一会儿，随着他的狼吞虎咽，奶便喝得差不多了。喝完后，他满意地咂巴着嘴，开始在那边玩手。

到他洗澡的时候了，因为婴儿的抵抗力都很弱，很容易感冒，所以为了不让他冻着，我们提前十分钟便开好了空调、浴霸、小太阳，整个房间顿时被温暖充斥着。刚洗的时候，他不停地哭着，但后来他可能觉得这很舒服，就哼哼唧唧地躺着。我发现他的眼睛很大，一种说不出来的明亮，我都能瞧见自己的倒影了。我正想仔细观察一下，不料却迎来了他的两个大喷嚏，听到后，妈妈加快了速度。洗完澡，他躺在床上，划动着四肢，像在游泳一样，我忍不住笑出了声。他听到后，似乎很警觉，两只眼睛四处转着，我拿了件红衣服在他眼前晃悠，没想到他竟然张大了嘴露出了笑容，一种骄傲和自豪顿时油然而生，骄傲的是我能让他笑了，自豪的是他是我的弟弟。

我看着他,仿佛从他身上看到了我小时候的影子。正当我坐在那儿还没回过神儿时,妈妈的声音传了过来,妈妈在唱歌哄弟弟睡觉。这种声音我觉得似曾相识,在我小时候,妈妈就是唱着这首歌哄我入睡的。

我好怀念这首歌,那时的歌声里充满了对我的疼爱与祝福,现在充满了对弟弟的疼爱与祝福。这也许就是所说的天籁之音吧。

感谢他,让我想起了儿时;感谢他,让我懂得了父母的辛苦与呵护;也感谢他,让我经历了这么多的第一次;感谢他,来到我们家,祝福他。

我有我的精彩

王　韬

我们这个学习小组一共六个人，除了我之外，其他人好像个个都身手不凡。"假小子"张玉姗，别看她个头不太高，可爆发力特强，跑起来犹如脱缰的野马，速度快得惊人，在刚刚结束的学校田径运动会上，一口气拿下了五十米、一百米比赛的两块金牌。"小博士"杨明明写得一手好毛笔字，多次代表学校外出参加比赛，没有哪一次不载誉归来。而"艺术姐"严萌吹拉弹唱无所不精，还会唱歌跳舞，学校只要一有文娱活动，她必定是"主角"，算得上是校园里的大明星了。至于奥数高手王滔、"英语通"张仁君，那更是了不得，遇到难题，连老师有时也"谦虚"地征求一下他们的意见。

与他们相比起来，我真是无地自容，惭愧万分啊。你想想，要才没才，要艺没艺，考试成绩又总比他们少那么一点点，这日子咋过？真不知道老师为什么要把我分进这一小组，这不等于把一块丑石放进珍珠堆里吗？

好在天无绝人之路，我这个"咸鱼"翻身的机会终于来了。

上个星期天，我们小组成员一起去看望八十二岁的王奶奶，王奶奶说她想吃饺子。其他人都愣住了，不知如何下手。哈哈，我从小跟外公一起生活，学会了许多面点的制作，包饺子简直就是小菜一碟。于是，我立刻成了当天午餐的"总指挥"，先指挥他们择、洗韭菜，剁肉末，然后亲自和面，擀饺子皮，再手把手教他们几个如何包"耳朵"饺子。经过近两个小时的紧张"战斗"，我们的饺子宴开始了，品尝着味道鲜美的水饺，王奶奶一个劲儿地夸好吃，他们五个更是佩服得五体投地。而更绝的是，吃完饺子后，我还用剩下的一小块面团，乘兴捏出了美猴王、济公、奔马等小饰品，那栩栩如生的造型，把他们五个的嘴惊得大大的。他们哪里知道，为了学这一手本领，我跟在外公后面苦练了三年多。

呵呵，想不到，我也有我的精彩。看来，只有平时多学习，多积累，关键的时候，就能亮出精彩，让别人刮目相看喔。

找回梦想

姜永琪

当年着一袭白裙,明眸如月,笑靥如花,于汪洋恣肆的人海中追逐梦想的你,如今在哪里?

记事起,便喜爱钢琴曲。常常跑到舞蹈房,听着喜爱的钢琴曲,喜欢把舞蹈房天花板上的灯管想象成从云彩缝中投下的一缕缕圣洁的光。喜欢沉在钢琴曲中,踮起脚尖旋转,大跨度地跳跃,心绪飞扬到天幕云彩顶端,轻盈转起身上洁白的舞服,沉醉、飘浮……简单地梦想着,于一宽敞明亮、有着梦幻灯光的舞蹈房中,听着自己的曲子,跳着自己的舞。

只是后来啊,大家都说学业最重要,于是梦想就变得次要了。那一简单的舞梦便真的成梦了。落魄的舞服和我落魄的梦想,被升学压力和现实残酷地埋在城市底下,哭泣、窒息……许是爱得单纯,舍去时才是真的痛苦。

时隔多年,抚摸着怀中精巧的舞服,它仍然很新,因为只穿了一小会儿,就那么一小会儿。那圣洁的一袭白裙,曾几何时,是我最大最真的梦想。岁月蹉跎,是谁将它丢在风里,遗落在时光的深谷?怀着忐忑的心情,穿上舞服，挪到镜前，紧张地定睛一看，忽见得那袭熟悉的洁白裙子和那最熟悉的陌生人，是从前无声遗落的最质朴的梦想，带着深邃的光环，在镜中，在脑海里，演绎着可歌可泣的曾经，零碎而缤纷。曾经伤痕累累地发现，梦中的玻璃屋原来易碎，象牙塔里的小公主也不得不收起王冠，走向真实的沙石泥土。阳光风雨中，我也曾失去徘徊、做梦的权利。如今，细细端详镜中着一袭白裙的人儿，不禁泪雨湿衣襟。我用颤抖的双手，细细抬起，从前的风采和无限过往芳菲。

　　重回舞蹈房，灯光四起，伴着曼妙的钢琴曲，小心翼翼地踮起脚尖，重又转起那一袭洁白舞裙，跳跃、旋转……嘴角轻轻扬起，眼泪遂成深远的眸光，碎了的玻璃娃娃一点一滴地绝处逢生。发现自己又找回了梦想的感觉。紧紧抓住了曾经的梦想的时候，我的玻璃心变成了水晶，水晶是经多年磨炼过的矿石。如果梦想没了失望与落寞，则永远也看不见光波折射的美丽……

　　我想我找到了你，当年着一袭白裙，于钢琴曲中，随梦舞动的你。

那段自由的日子

宋可为

轻轻合上王开岭的《每一个故乡都在消逝》的最后一页,我的灵魂仿佛被洗涤一般。望着窗外的高楼大厦、车水马龙,感慨涌上心头:或许,都市才是人生的最大囚笼。我关掉手机,整理行装,去乡下,去找寻我逝去的自由。

跳下长途客车,猛吸一口清新空气,刹那间苏醒过来,似饥饿许久的人得到了自己最需要的面包。我紧了紧背包,抬头望见碧蓝的天空下,阳光和树影交错投射的站牌。随后,我在乡间郁郁葱葱的小道上大踏步走去。

首日,当清晨的第一缕阳光将我唤醒,我便去登山了,感受着清晨的丝丝凉意,被钢筋建筑困住许久的心被缓缓释放。汗水,只是自由的加速器;劳累,只是释放心灵的催化剂。当两千级台阶被我甩在身后时,我静静地趴在栏杆上，俯视着青山绿水，"会当凌绝顶，一览众山小"的豪情在刹那间喷涌，我张开双臂，用自己的情，用自己的心向远处的山谷大声呼喊着我的名字。山谷的回荡，虫儿的欢呼都使我不能自已，解下第一颗衣扣，迎着西伯利亚的寒流，将声音加大、加大，仿佛要让全世界都听见。原来，自由的感觉是如此美妙。

次日，钓鱼。在静静的湖畔，熟练地抛饵，静静地等待，宛如老渔翁的我已彻底放松，闭上眼睛，静聆鸟啼虫鸣，万物似乎都和我接触，我从未感觉大地与我如此地亲近，仿佛它才是我的亲生母亲一般。小憩，草帽盖着脸，微眯着的眼瞥见浮标微动，我会心一笑，用腕力猛然使劲儿，一条小鲫鱼听话地在空中划出了一道美丽的弧线，鱼钩顺带出的几滴水珠自然地落到我的肩头。取出钩子，看着奄奄一息却又始终顽强挣扎的鱼儿，我拍了拍它的脑袋："好好地活！"轻轻地将它放入水中，看着鱼儿又自由地与同伴嬉戏，我的心顿时又收获了些许感动。

在随后的日子里，我徜徉于乡间田野，在日出的清晨，在落日的黄昏，听鸟儿的啾叽，看庭前的花开……待我返回时，又一次来到我下车时的路牌边，耳畔不时传来孩子们淳朴而又自然的欢声笑语。能享受自由的童年，真好。

或许，你总会抱怨自己有多烦心，为日常的烦琐事务所羁绊，但我坚信，只要人们暂时搁置一下，停顿一会儿，放飞自我，走近自然，我们都会拥有一段自由的日子，那么，人生的丰富多彩也会更完美地展现！

那段温暖的日子

陆乐桐

走啊,阳光如此温暖,携手访春去。

你拽着我,两条羊角小辫儿上束的红缎子如同翩翩的蝶儿,胭红的裙衫仿若聚起三月里最娇俏的花色。声儿里的笑意快要溢出来,冲入云霄里去。

"快点儿!快点儿!"

山容已不再是秋的模样,白绒绒的芦花海退了潮。这春,便熙熙攘攘热热闹闹地绿了开来,相思树墨绿,荷叶桐浅碧,老树苍绿,新叶翠绿。阳光逮着空子,恣意地在绿野中穿行。真是说不出怎么好看法儿的好看。你总爱在前面撒丫子飞跑,我总是在后面追得辛苦,直喊:"别跑了!别跑了!那花儿又不会自己长腿儿溜了!这么急做什么!"

你却不答话,只闻得见如鸣珮环的笑声,惊得栖在树上的几只黄鹂扑棱棱地飞去。你一边跑着,一边回头向我扮鬼脸儿。温暖的日光打下来映在你红扑扑的面容上,看得我竟一时愣住,腿儿这么一收,身子却止不住惯性,直愣愣地往前摔去。

"哎哟!"

该是我叫出声儿的,你却紧张得很。蛮牛似的跑回来,轻轻地拉起我,嘴里忙问着:"痛不痛?痛不痛?哪里摔坏了没有?这么不小心,怎么这么笨?"刀子的嘴,豆腐心。你托起我稍稍擦伤了些的手掌轻轻地吹,那小心翼翼的样子,仿佛是你最爱吃的莲花掉在地上了一样,正吹去上面的尘土呢。思及此,便禁不住笑了起来。这时,你肯定要训斥:"笑?你还好意思笑?你看看你,笨得像只猪,跑两步都能摔破手,你啊你啊,真是没法子。"你竟学起我母亲的口气来,板着张脸,眼睛里却盛着盈盈的笑意。我俩对视一眼,都不禁笑出声儿来,你托着我的手,小小的掌心热乎乎湿漉漉,暖得像个小火炉。四周是星星点点的繁花,闪烁着清浅的眼波,似乎都泛着盈盈的笑意。

这回,你倒是不跑了,牵着我未伤着的手慢慢儿地走,越往山上去,阳光就越温暖灿烂,漫山的繁花仿佛犹抱琵琶半遮面的女子,终于肯露出那倾城容颜。

往年春天,你见到这满山繁花都会乐得没鼻子没眼,今年亦未例外。你浅浅地笑,手心的温度传入我的心窝窝里，温暖涨满心房。

　　我们采花，攀树，絮语，在那春天里。

　　我们摘果子，捞鱼，编花环，在那段日子里。

　　少不更事的那段日子，有你，便是春暖花开。

守护那一抹阳光

童年老家的声音

沈万恒

那是熟悉而陌生的声音,即使隔了一段遥不可及的时光,那些泛黄的旧画面,那些朦胧的声音,还是会随着回忆被抹去灰尘,一点点清晰。

那是童年老家的声音。旧物旧景,岁月鎏金,却不曾将它抹去。只是在独自一人想起时又多了一份思念与无奈。老家的感觉总是这样的,带着好接近的温暖,像是微微张开了双臂在拥抱我。

还未打开老家的门,便是一路此起彼伏的蝉声虫鸣。夏末秋初时,风在枣树的枝条间穿过,或许会吹下一颗枣子,"咚"地敲在地上。小时候跳着勾树上的枣子,好不容易采下一颗,便欣喜万分地洗了放在嘴里,享受清脆的咀嚼声。

那时,每次进门后听到的必定是纹的猫叫。她慵懒地斜卧在门里边，碧眼半睁半闭，慢慢抬起头打量着我。若是叫她，她必定会用很随意的喵声应答。纹的声音总是幽幽的，音调有时会忽高忽低，好像是有什么新奇的话藏在里面。她站起来，伸个懒腰，摆摆尾巴带我们走进屋子里。

厨房里飘来一些薄薄的烟雾，伴随着菜下锅的声音，还能嗅到一些浓香，夹杂着满满的故乡的味道。灶头里的火依旧很旺，鲜红的火焰狂舞，发出呼呼的声音，把柴烧得噼里啪啦响。我也不知道它被关在这里多久了，但它一直都在，一直守护着这里，在寒冬挟来一份温暖，在盛夏蒸腾一片炎热。它还在记忆里燃烧着，照亮了那段美好的童年记忆。

走出大门，一踏上小路，那便又是一段多彩的旅程。窄窄的小路在我心中却是那么厚实而熟悉，总觉得就算闭上眼睛也能一样走路。那条弯弯曲曲的小路被我像背一曲钟爱的歌一样，牢牢地记下了。每一步稳稳的脚步声总能让我心安。这一会儿，曾经与伙伴们在金色狗尾巴草中奔跑、欢笑的画面都一一回放出来了。像是突然掉进了过去，我站在一旁默默地看着曾经的自己与他们，听着那些充满童稚的声音，却无法再参与进去，像被丢弃了的布偶一样。那时的欢笑声听起来那么如梦如幻，无限地拉长、旋转、回荡。那时的画面甚至无法触摸，伸手也仅仅是触及虚空。

那些过去都不在了，曾经以为不会分别的过去如晨露般被早上的阳光晒干。风吹叶响，演奏出一曲未完的回忆之歌。那些在密密麻麻的油菜花中灿烂的梦，只是再真实不过的幻境。可就是那些幻影，我是无论如何都舍不得忘的。因为那是一个回不去的地方，还有那些回不去的人，他们带给我生命中为数不多的温暖声音，像吟诗般在脑海中反反复复，挥之不去。

　　可是那些美好却都失去了，被时间渐渐磨平。纹，钱钱，旧物，伙伴……都离我而去，背道而驰，再不回头。

　　絮语轻声渐渐远去，那些属于童年的，属于老家的声音被小心翼翼地封上蜡，沉进了记忆深处。而老家，提起它时，它给我的感觉则是静悄悄的，让人甚至感觉不到时间的流逝。

那一天，我与那双鞋相遇

王　悦

　　静静地坐在窗前，午后暖暖的阳光在我的老式木藤椅旁撒下一圈圈光晕，点点碎金在我的头发上跳动，我低头凝视手中那略微陈旧的粉色舞鞋，仿佛一位清丽秀雅的少女，且歌且舞，永不停歇。

　　和她相遇，亦是一个令人困倦的慵懒下午。我闷闷地低着头，脑中一片乱麻："后天的二胡独奏，现在连谱子都没能完整地背出来，该如何演奏？"我踢着路边的碎石子，只觉得阳光晃眼。"连阳光都欺负我！"

　　我愤愤地想着，踱到了绿荫下的木椅子旁，却发现了一双崭新的、镶着白色碎钻、围着一大圈的蕾丝边的粉色舞鞋。这双鞋真是美丽，但是它的主人是谁呢？为何她要把这双鞋放在这儿呢？我带着这个问题坐在椅子上等待着，眺望良久也没等到鞋子的主人。我有些昏昏欲睡起来,半眯着眼,靠在了椅背上。

当我醒来时,赫然发现我的身旁多出了一位比我大四五岁的女孩儿。她穿着及地的雪纺白纱裙,静静地坐着,秀眉紧蹙,白皙的双手抚着舞鞋,好像在冥想着什么。大概她就是舞鞋的主人吧。她似乎察觉到我醒了,朝我莞尔一笑,说道:"谢谢你帮我看鞋子,我把它送给你。"

我有些讷讷地看着她,刚要开口,她看见我背着二胡包便说:"你如果为演奏而烦恼,那么请听我讲个故事。"真是神了!她莫非是神仙,怎么会知道我此刻的烦恼?我再一次端详着她,白裙翩翩,的确有一丝飘飘欲仙之感。她并没有注意到我的神情,凝视着手中的舞鞋,缓缓开口道:"从前,有一个女孩儿,她是芭蕾舞蹈队的领队,她带着她的队友获得了不计其数的荣誉。可是,谁也不知道,在她十二岁那年,一次事故使她的腿落下了残疾。她的父母不允许她再跳舞,并准备送她去治疗。可是,她不能不跳舞呀,她的队友还在等着她呢。她偷偷地跑去了比赛场地,用自己的行动完成了生命的最后一次舞蹈……"她讲的时候,面色平静,但我的心中早已是波澜起伏。她浅笑:"放手去搏,努力去干,只要问心无愧,你就是最大的赢家。"我怔怔地坐在那儿,耳畔回响着她的话语。明白时,才发现,一个黑色的小点渐行渐远,在碎光的笼罩下,只留下了一双舞鞋。

我收下了这双舞鞋,坚信她的腿会医好,会回来拿回舞鞋的。回到家,我郑重地捧着舞鞋,轻轻地放在艳红的奖状旁。

　　有几次到老地方去看过,然而,还没有遇到过她。

　　那一次的相遇,让我认识了一个用生命跳舞的执着女孩儿。我始终相信,在遥远的某一天,她会再一次站在舞台之上,跳着生命之舞。

又梦故乡

林嘉雯

月亮如一个大银盘嵌在黑色的夜空中,清风拂过池塘,水面有了一丝颤动,泛起涟漪,树上的蝉鸣和池塘边的蛙声交织在一起,奏着和谐的旋律。一个少年背着一个小女孩儿站在番茄地里,数着空中的萤火虫,一只,两只,三只……

这幅画面时常出现在我的梦里,醒来后,每每回想起回乡的那段时光,我总觉得十分温暖。读着白居易的诗句"山寺月中寻桂子,郡亭枕上看潮头,何日更重游?"我便想起故乡,那个宁静安逸的小村。

我六岁那年,和母亲一起回到家乡。我是一个在城里长大的娇气、任性而充满幻想的小女孩儿,在那里却受到了特别的宠爱,父老乡亲们亲切地叫我"城里娃娃"。我还记得和母亲一起回祖屋那天,乡亲们都来了,村长爷爷拉着我们的手问寒问暖,叔叔伯伯坐在身旁聊起了他们的故事。我被婆婆婶婶们霸占了去,她们都夸我长得水灵灵的。我看着一张张黝黑的脸,陌生得害怕,忽然看见一个男孩儿倚着门歪着脑袋看我,冲着我眨了眨眼睛,他就是维儿哥。在回乡的那段时间里,我们是最好的朋友。

农村的生活与大城市截然不同,很快,田野、大山成了我玩乐的场所,维儿哥是那里的孩子王,上树摸鸟蛋,下池塘捉鱼虾,他无所不能。我每天跟着小伙伴们听他的主意,从来没有重复的乐子。

那天我的娇气病又犯了,哭着闹着要吃甜筒,小村里哪儿有呢?而且天已经是傍晚,怎么可能买到?我使尽浑身解数,又吵又跳,维儿哥在一旁看着我不知怎么办,母亲气得要打我。维儿哥突然想到了什么,他弯下腰,对我眨了眨眼说:"你想不想看会飞的小灯笼?"我停止了哭闹,疑惑地看着他。维儿哥轻轻地敲了下我的脑袋,说:"走,我带你。"他把我带到番茄地里,我已经看见了,隐隐地,真的有小灯笼在飞!我迫不及待地大呼:"这是什么?我好想抓住它!"他点着头,故作神秘,拍着我的肩,嘘了一声,只见他伸手从我的头上拂下了什么,凑眼一看,"哇,是肚子发光的小虫!"我惊叫道。微风乍起,只见四下里飞起了五六点光斑,旋即飞舞,在空中划出了美丽的荧符。"这叫萤火虫哦。"说罢他掏出纱布袋把这小家伙塞进去,又递到我手中。因为我太矮,又怕我摔着,维儿哥就展开有力的臂肩背起我,视野开阔了好多。那些我仰视的光点触手可及,随着小精灵们有节奏的舞蹈,我似乎可以听见其伴奏的旋律,轻盈悠扬。我的胸口紧贴着维儿哥的脊背,感受着令人安心舒适的温度,闻着熟悉的红番茄的酸甜,惬意地眯上了眼……就这样,维儿哥很快让我完全融入到了乡野生活中,染上了和其他孩子一样的皮肤,成为这里山山水水的一部分。

那是一段多么令人难忘的时光啊!夏夜里老爷爷摇着蒲扇讲着故事,阿婆、阿嫂用厚实的巧手做出了我从未见过的饭菜,还有那夜像满天星火一样晶莹闪烁的萤火虫,用浓重的乡音说着:"记得回来!"直至若干年后的今天,我梦中的故乡依然是那副清晰的模样。

雨 中 随 想

张 祺

一场秋雨一场情，密密柔柔的雨丝细如针，轻似线，洋洋洒洒地飞洒在空中，慵懒惬意地织就了一张薄薄的雾网。在雨中缓步独行，任雨点儿亲吻我的面颊，雨珠儿清洗我的双眸。

开始喜欢秋雨，许是感觉已到了初秋的季节，对着秋雨竟然有了一份怜惜、一份默契和一种惺惺相惜。我不紧不慢地走着，路旁的树木被雨水冲洗得分外清爽，虽然到了初秋，但树木还是一如既往地碧绿，让人羡慕。雨水淋湿了我的长发，烦躁的心竟慢慢安静下来。

是的，秋雨，让人心灵安静，因为它有着一种凄清寂寥的美，让人感受到的是一种孤傲和凄凉的双重心情。有人在秋天看到的是生命的辉煌和重生，感叹造物主的伟大和神奇。有人在秋天则看到生命的衰败和寂寥，从而心中升起一股幽怨和无奈。

总会在这样的时刻忆起那段不算久远的往事，那张印在心里的面孔，没来由地在我脑海里浮现。杂乱纷纭的雨丝似乎也在诉说着逝者如斯的感伤，人生本来就是有平静也有吵闹，有快乐也会有忧伤的。

很多人都喜欢纸醉金迷的奢华，我却喜欢一个人在这样一个飘着秋雨的日子里遐想，体验被秋雨洗刷后心灵大悟般的宁静。没人来窥探我的秘密，没人来打扰我的清静，看着片片还带有绿意的树叶在风中飘来舞去，心里有感动也有温暖。我知道，不只是我一个人在雨季感慨，茫茫红尘，我不是独行者，想起远方还有你的祝福，静静地微笑着记录下这份雨中的心情。

雨 的 韵 味

严世新

春雨,带给我无限的遐想。

雨,晶莹剔透,从天上飘然落下,像剪不断的细丝,像密密的断线的珍珠。这不禁让我想起席慕蓉"雨是天使的眼泪"的绝妙比喻。的确,雨滴有天使般的翅膀,又像天使一样纯洁。她的来临,就是天使对人的亲切问候。

在我眼里,春雨是一位静美的姑娘。当你凭栏凝望时,春雨便带着祝福飘落人间。细雨落在山林中,唤醒了枝芽;落在花园里,催醒了红花;落在田野里,叫醒了苗娃娃。蒙蒙细雨中,山冈绿了,小溪叮咚作响。你不禁欣然眺望,柳枝在雨中轻舞曼娉,乖巧的燕子飞掠屋檐,穿剪雨帘,呢喃的声音将你从梦乡中惊醒,令你重整衣衫,再怅然面向雨行。

夏雨,带给我火热的激情。

在我眼里,夏雨是一位激情豪迈的歌唱家。出来时,他带着乌云,伴着狂风席卷而来。雨滴"噼里啪啦"地打在玻璃上,拖动着肥胖的身躯向下滚。在雨中,他热情地亲吻着大地,吹出无数个泡泡,而激昂的旋律是他永恒的主题,强烈的动感节奏,好振奋人心!雨敲打在万物身上,发出"咚咚"的声响,好似一阵阵狂热的鼓点。

秋雨,带给我满怀的忧愁。

在我眼里,秋雨是一个幽怨多情的女子。她轻轻地唱歌,呼唤着自己的情郎,肝肠寸断的她早已泣不成声。这让我想起了她——在暮春,持锄揽篮送一方落红,扶柳洒泪送一尺飘絮,点滴到天明。我仿佛看到"帘卷西风,人比黄花瘦"的李清照的憔悴面容……

冬雨,带给我无限向往。

在我眼中,冬雨是饱经风霜的老人。在大地沉睡之时,他却依然风光无限。然而,岁月的苍白,令他无奈,他只有在空旷的原野中,轻轻滑落。举目眺望,仿佛有一农夫,扛着锄头,耕作于田野,那是对冬孕育着希望的期待;仿佛有一个渔夫,撑起竹篙,用力撒下一张渔网,那是对春暖花开的向往;仿佛有一老者,行走于山林,独钓寒江,那是对自己的孤独的倾诉……在冬雨中,我常常伴着雨滴任思绪自由飞扬。

在我眼中,四季的雨,仿佛是一首歌,春雨、夏雨、秋雨、冬雨都是曲中不可缺的旋律,不就是他们谱成了一曲对自然的赞歌吗?

转角桂花香

邹奕琪

不知不觉,又是一年秋天。漫天雨丝,像薄纱,像轻烟,朦胧了天空,糊涂了世界。偶尔,一枚落叶安然地脱离了枝干,在温柔的秋风里打着转儿,悠悠地落在微潮的砖上。秋天啊,总是静谧美好得像幅画,只可惜无人驻足欣赏。

走在上学的路上,脚步越来越快,毕竟快毕业了啊,必须得加把劲儿了。往日,让我流连的景象在视线中匆匆略过,急促的脚步激起了一路水花。如今,哪还有时间,去驻足,去欣赏路边的花花草草呢?转身走上一条小径,路过那个转角,一缕幽香悄悄地钻进了鼻尖,浅浅淡淡,不浓烈却悠长而迷人。被香气勾住了脚步,欣喜地回头,这香气,不会错的……一株桂花树静静地站立在角落。

原来,到了桂花开的时候了啊。轻轻退回了树旁,氤氲在水汽中的幽香萦绕着身心，只觉连呼吸都不由得放轻了。眼前的桂花树，枝干粗糙干瘦，墨绿的叶子经过雨水的洗礼，一层荧光在上面流转，绿意浓稠得似是要滴落在地。一点点、一簇簇的嫩黄依偎在绿叶之下，怯生生地探出了头。五片六片的花瓣簇拥着雪白的花蕊，小小的一粒，即使温柔如秋风也让她瑟瑟发抖，我见犹怜。但是就是这柔柔弱弱的娇嫩小花，体内蕴藏着令人意想不到的坚韧与淡定。

桂花有她独一份的魅力，她不像迎春，同是黄色的花朵，迎春却格外张扬。迎春，殷勤地迎着春光，享受着世人的褒奖与赞叹，好不自得。桂花却只是一抹浅黄，温润的颜色，让人舒心，安然开在绿叶丛中，不求名与利。桂花也不像夏日里的莲，遗世而独立，不食人间烟火，硬生生将自己与喜怒哀乐、人生百态隔绝开来。桂花喜爱着人世间，那浓浓的人情味儿，让她幽香染上一丝香甜。她等待着淳朴的人们，将她采下，制成桂花糕，酿成桂花酒。桂花更不像傲立在风雪中的梅，她不需要靠着抵抗风雪来展现自己有多么坚强冷傲，引来一群文人墨客竞折腰。

桂花只是简简单单的桂花，找个适当的地点，等到恰当的时间，从容开出满树的芬芳，没有艳丽的颜色没关系，没有高贵的气质没关系，没有铿锵的铁骨没关系，我自有我的一技之长。不用理会那些比较，不用采取任何伪装，从容淡定，在属于自己的一个转角华丽绽放，我有我的幽香就够了。

　　静静思考了那么多，猛然发觉学习也没有那么可怕，脚踏实地，一步一个脚印地走向考试的战场，如桂花一般，从容淡定，就一定能绽放属于自己的灿烂！让淡淡桂花香一直一直陪伴着我们的心灵。

　　收回思绪，重新上路，脚步和着雨声，一阵欢快的乐曲。秋天果然是个好季节，转角的桂花更香了。

野

申 辉

人类生活在这个世界上,没有创造一个新世界,而是在削弱它,使一些大自然本有的物质消逝了。

六年级时,遇到件有趣的事:教学楼后有一条僻径,小径两旁是大树灌木,少有人迹。一路跑去教室,一切正常,可就在那不经意间,眼前有物一晃,一条晶亮的丝拦住视线。一只大蜘蛛正手忙脚乱。原来,它已在两棵灌木之间设下了埋伏,等待着它的猎物。我自然不敢惊扰这桩阴谋,在欣赏过这个自以为是的家伙后,我绕道而行。

这给了我一天的兴奋。此后,我就爱上了这条小径。之前,我从未欣赏过它。但现在我看到在其简约美之下,仍活跃着一种野性的能量,使其每一个瞬间都充满未知和偶然,虽隐蔽,渺小,有时甚至被忽略不计,但在我心里,它已经扭转了娴静的气质——由一种单一的美转变为灵动美。

动物园大家一定都去过，我印象中最深刻的，还是我们所称的"百兽之王"。一个个老虎都在睡觉，全无昔日之雄威。我也曾问过大人："你们不总说老虎很厉害的吗？"现在想来，动物园没有足够的空间让它们野，也不允许让它们野。野生动物，在这里只是动物，是供人欣赏、玩弄的物品。我不禁叹息，人为了满足一下眼的欲望，逼迫动物抛弃自己天生的本性和原则。也许书中说的"坐山观虎斗"的场景，只能依靠我们的想象力了。

想象这样的一幅画吧：虫鸣草寂，时而闪过动物敏捷的身影。生命的原初感，如同明眸般，在清晨睁开。喧嚣被远远抛开，个体的平静、精神的自由和灵魂的纯真重新回归于自我。此情此景甚是美好。

走向世界，我发现，就是走向心灵深处，挖掘其深层的纯真。

落 叶

王佳怡

在红砖铺成的小路上,躺着一枚落叶。它这样静静地,静静地躺在我脚边,像一叶小舟,高翘着船头,载着午后阳光一般的橙色,带着罗曼蒂克味道的幻影般的美丽,泊在那儿。我弯腰拾起它,细细端详着。

这是一片落叶,叶面上绚丽的红色与温暖的橙色仿如一曲激荡的钢琴曲,肆意地挥洒着,交融着;如同天边的晚云,翻覆着,曲卷着。这是一幅充满激情的油画,每一笔都蕴藏着自然的心绪。可,这是一片落叶,它的生命在梢头滑落的一瞬,便在叶梗与树枝的断裂口,随风飘去了。

此时,它的叶面上已有几点霉斑,正如美人迟暮,秀丽的容颜上已有岁月留下的年轮,但它仍是那么美。我看着它,仿佛看着一张泛黄的宣纸,不再白皙清净,但是却有岁月的沧桑感，仿佛一只枯叶蝶，尽管生命不再，但它连凋落的姿势都那么美。这时，我注意到叶子边缘上，还残留着一丝绿意，看着那绿色，我仿佛看见它仍在枝头上的日子，那时，它一定绿得油亮，年轻的活力从头到尾热乎乎地流动着。在阳光下，青春活力亮得刺眼的生命在一点点生长，绽放。如今，它任由岁月的火焰在身上熊熊燃烧，将它无情吞噬，它却没有一丝悲伤，只是静静地枯萎。

　　人的一生有太多无奈，正如生老病死，是一生逃不过的劫。可为什么我们一定要有那么多恐惧？害怕容颜老去，不容许岁月在面孔上留下蛛丝马迹，希望青春永驻……而人在不同的年龄有不一样的风韵，为什么一定要驻留在一个地方？为什么看见岁月流逝，青丝成雪，便如临大敌？人终会老去，也终有一死，难道要选择让生命最后一段时光整日惴惴不安，不甘让生命如此结束吗？

　　我想，也许我们可以，同落叶一起，享受自然给予的一切——一切的成长，包括苍老，静静地看着岁月攀上肩头，像一片落叶一样，美丽地凋落。

寻 秋

宋逸鋆

晚秋的澄清的天,像一望无际的平静的海。轻轻拾起最后一片落叶,晚秋的惆怅,弥漫在心。秋,要走了吗?也许,行政楼旁的小树林,还藏着秋的影子。

"带你去看看,或许还能追上秋的尾巴呢!"哥哥对我说。"好啊!"这对喜欢秋的我来说是一个极大的诱惑。

我轻轻地踏上一条小路,一眼就看到了满目的红色,秋日的红色。它不是春天充满希望的绿色,也不是夏天那种中性的黄色。它不像夏天那样紧张、热烈、急促,而是充满了闲情逸致,成为许多文人墨客的题材。

就在这条曲曲折折的小路边,杉树成片,那片片叶子不知何时被染成火一般的红色。再往前走,小路变了样,它不再是浅灰色的了,而是盖上了一条金黄色的地毯。一旁是一片银杏林，棵棵银杏树都十分挺拔，用宽大的树冠，撑起了一片金色的天。秋风过处，些许树叶飘落，仿佛跳着蝶舞。我欣赏着这片景，忽然觉得一切都那么衰败，只觉满目悲凉。

我和哥哥走进小树林。这里已经很久没人来过了。地上铺了厚厚一层落叶，踩上去软软的。"妹妹你来看。"哥哥说。我顺着他手指的方向看去，是一棵蒲公英，早已不见了那淡黄的花，取而代之的却是一点点的白。它的叶子略萎，在瑟瑟的秋风中显出纤弱的样子。我向四周望，都是那早已凋零的黄叶。"它好孤独。"我说。"不，它一点儿也不孤独。"哥哥说，"你仔细看，虽说这儿只有一株蒲公英，但整个林子里肯定不止它一株。况且，它的后代明年还会萌生。秋天不一定是事物的终极。"哥哥轻轻一吹，蒲公英种子四处飘荡。哥哥接着说，"像杜鹃、月季、蒲公英，它们在晚秋播下希望的种子，为明年的春夏秋做准备。"我直起身，慢慢思索着哥哥的话。

以往的秋，留给我的只有一片失望落寞，而此刻的秋，却给我留下一片希望。我曾经天真地认为美好的时光总是短暂的，实际上，它们却在悄悄延续，永不停歇。

关于长城

郑惟知

  七月,暑热似乎已经拢起来,有烁火流金的势头。在这样的天气里,我来到了北京。

  快节奏的生活,钢筋筑起的巨人,居高不下的PM2.5……使我怎么也提不起对北京的好感。

  不过,似乎是我的神经过分敏感了些。刚下高铁,北京那瓦蓝瓦蓝的天空带着不容挣扎的霸道,和片片薄云丝丝缕缕的清凉、柔情,攫取了我的心,融化了我的心。艳阳高照,丽日蓝天,太阳的光芒显得微微有些刺眼,不但显得热情,也似乎能褪去一切烦躁与不安。不知为何,金色的阳光,使我想到了蒸馏水,同样的纯净,不同的是,阳光还能洗尽铅华,抚慰心灵。瓦蓝色,在这蝉鸣阵阵的天气下,给了人一份清爽,阳光的炽热,同时也在阳光的金色下显出了晶莹的质感。那片片白云,仿佛是简约的装饰，点缀在碧澄澄的蓝天之中，即是一份悠然自在。

飞驰的车流中，自有四合院的安静祥和；林立的高楼中，自有让人流连的山水草木；饱受诟病的环境质量，竟也有这一份云淡天蓝，渐渐地，我开始感知北京。

真正使我爱上北京的，是长城。

长城，那凝聚着中国广大劳动人民心血与汗水的宏伟地标，虽说是体现封建制与君主集权的遗址，却也无法抹灭中国劳动人民的勤劳与智慧。长城，于中国而言，于中国人而言，不仅是民族骄傲，更是一份情感皈依。

远望，苍绿的山峦里卧着一条沧桑的龙，骄傲地挺着头颅，巍巍然。仿佛已不再是由砖砌起的建筑物，已幻化成一个灵魂，饱含沧桑与骄傲的中国魂。"天下第一雄关"的匾额，高高悬起，箭楼上似乎还残留着血雨腥风、金戈铁马的气息，却又不同于"醉卧沙场君莫笑，古来征战几人回"的苍凉，或许是这血与肉筑成的盾牌比那浑然天成的荒漠戈壁更具有威慑力，孟姜女的哭诉，征丁们的乡愁，日日夜夜在这古老的城墙上萦绕回响。是的，它是残忍的巨兽，吞噬了无数劳苦人民的幸福；可是，它又何尝不是伟大坚韧的战士，千疮百孔，却依然固守着中原儿女们最后的希望，抵御着蛮夷铁骑的凌虐。历史上无数的悲喜歌哭，它都一一做了见证，不，与其说它是历史的见证人，倒不如说它就是中国泱泱千年历史的缩写。长城的每一块砖，每一棵草，都仿佛是永恒的，千年来，它们就这么静静地等待着，却又身不由己地参与了历史。从某种程度上说，是它们主宰了历史，它们才是历史的主人。在长城面前，我体会到了自己的渺小，这条此刻仿佛正在打盹儿的巨龙，它爆发时迸发出的强大能量永远让人吃惊，就如同拿破仑眼里的中国，好像正在沉睡的雄狮一般，一旦醒来，它的怒吼终将威慑世界。

扶着台阶旁的栏杆，一级一级地爬上去，终于明白了为何长城用的是"爬"。本就是人工堆砌的城墙，显得有些粗糙，又经过千年风霜雨雪的侵蚀，岁月流年的打磨，望着脚下的砖，我体悟到历史的厚重感。这块历经千年纹丝不动的砖头，会不会因汲取天地精华早已幻化为了一个精灵，一个中国魂中不可或缺的分子。一块块这样的长城砖，组合，堆砌，最终形成了长城，形成了长城所代表的中国魂。

什么是长城，它是中国的象征，是中国历史的缩写，是中国灵魂的写照，是国人的精神皈依。请允许我在这里为它唱一首小小的赞歌。

中 国 文 化

刘安琪

我不欣赏张爱玲这个人,但我很喜欢她的文字,闲闲的,悠悠的,不紧不慢地讲述着一个时代。一个新旧交汇、互相冲击的时代,就被她理顺了,调匀了,像一纸烟雾,升腾起一片和谐。

有时候我想,中国的历史文化在哪里?有人说在长城,可是长城那么远,我实在不想千里迢迢看一个人山人海的历史陈迹;有人说在兵马俑,可是遥遥地站在楼上鸟瞰全景没有什么趣味;有人说在古运河,只是奔波的航船也卷不起千年前清澈的河水……历史,永远跟不上社会发展的脚步。

在我的记忆里,中国的亭台楼阁总涂满了与它们年龄不和谐的清漆,刻满了与他们历史极不和谐的字迹。梦中的古中国总是带着浓浓的漆味,闻久了,便有一丝头晕,这就是中国的建筑文化。中国的点点滴滴，回想起来总带点模模糊糊的感觉，好像有一点儿东西浮在水面上，却总是缺少沉淀与深刻的思索。中国文化应当是有沉淀的，只是这些沉淀不在我们的生活中。

老街，青石板上已无青苔，青砖黛瓦的老建筑上赫然挂着星巴克的招牌，门槛后高高的柜台前，高背的椅子上坐着染着黄头发的年轻人，摇滚乐的轰鸣盖过了运河的涛声，有一种滑稽的感觉结在心头，人们总是追求新的事物，也不愿放弃老的一切。于是，它们被放在了一起，不伦不类地放在了一起。刻意修复的古迹，染满世俗的地方。我们什么时候会想起，长城是为了抵御敌人而建，不是为了吸引外国游客，提高中国的知名度。在中国应当有无数个古村落，有无数个水乡，可是曾几何时，它们就这样消失了，留下为数不多的几个让人们去怀旧，顺便带走一件件纪念品，带动一个地区的经济。

谁曾想象过没有爆竹声的新年，谁曾想过没有团圆的春节，有人说放炮仗会增加PM2.5的含量，可是古人放了几千年的炮仗，也没见过像今天污染成这样的地球。又有人说炮仗炸到高楼晾晒的被子上会引发火灾。但是，难道没有人想到改进放鞭炮的地方？难道中国就没有远离高楼的地方？文化不应阻碍社会发展，它应当起促进作用，只是人们从来没考虑过这些问题。它们应当是中华儿女共同寄托情思的地方，同样的文化，同样的风俗，应当成为中国人的凝聚剂，使中国人团结到一起，文化是中国的魂！

多久以前人们开始崇洋媚外，开始鄙夷中国的一切，然而东西方的差异应当是要长期磨合的。文化本身没有好坏，只是看应该用在什么地方，应当怎样理解，而不是极端推崇哪一种。又是许久以前，有人发现了中国文化的好处，开始抬高中国文化，于是被拆除的老街又造了起来，被废弃的一切又开始被捡拾，只是那些重造的建筑再也恢复不了它们从前的精彩，只是重拾起的一切再也不是从前的一切了。

我只想看一眼真正的中国文化，不是重造的楼房，不是毫无意思的春节，而是一切老去的东西，沉淀下千年的风沙露出它最动人的一面。

一对老人，让我迷恋而忧思

邱子莹

多少岁月长河，汇成这一缕情谊。又多少秋叶的凋零，多少雪花的飘散，使其"执子之手，与子偕老"。

这样的一对老人，这样的画面。

冬夜，刺骨的寒风直愣愣地窜进衣衫。冬季的浴场，人格外得多。人挤人，勉强洗完，又勉强找到一个座位坐下换鞋。

我把身子俯下，低头，又微微抬头，一个白花花的侧脸出现在我的视线。而那苍老的面容前是一双破旧的老布鞋。我不解地竖起身子来，或许想要抱怨起哪家孩子这么孝顺长辈的。而那样的画面，让我把牢骚吞咽进肚，哑口无言。

坐在沙发上的老人身板挺直，精气神十足，平和而慈祥。他跟前的婆婆不够灵活地为他换鞋，却又意外地一套便进,婆婆反倒嗔怪道:"哎,鞋子怎么又大了,都已经入冬了……"老人稍稍收起下巴,朝着颔下那丛白发,呵呵笑着,仿佛是个不懂事的傻孩子。可在他的眼中又看不出孩子的灵性,只是空洞。

"老头子,你又瘦了啊……"

婆婆给自己换完了鞋,颤巍巍地站起来。她的手穿过老人的腰间,咬紧了牙把他扶起。老人像是恢复了意识,双脚开始碎步移动。来来往往的人无视着从他们身边擦过,一次次的摩擦,一次次的视而不见,又一次次地将人情消逝。我嫌弃起大厅的乌烟瘴气,随即离开,跟随着这两个蹒跚的背影,一步一步走向明处。远离了喧嚣之处,只剩他们二人。反正,老人与城市本就格格不入……

婆婆一把轮椅边停下,用力地把老人向上提,找准位置,轻轻放下。婆婆喘了口粗气,转身到了把手处,小心翼翼地向路边推去。巧的是顺路,不巧的是下雪了。

城市的下雪天并不静谧,汽车冲刷积雪,尾气渲染在白净的雪上。而车来车往又如何,他们仍是他们,不急不躁,有着他们平静的生活。还好,他们眼已老花,又看不清频繁的车影;他们耳已老聋,又听不清杂乱的鸣音。在他们那个世界里,似乎只有回荡在耳畔的岁月之歌,与对身旁那人的深深凝视。我只是猜,我难以融入这样的画面。婆婆停下了脚步,不再走下去,沿着梧桐树下的长椅坐下。梧桐树叶已泛黄,任由寒风吹散。婆婆静静地抚摸着老人的发，虽然她并不曾留意，她抚下的到底是雪粒还是碎发……

一边是城市之喧嚣，一边是黄昏之暖意。身在城市的我却忘了城市，沉醉于那老人深邃的目光里，流连于"执子之手，与子偕老"的画面之中。

路上小心

浦虞悦

他在晨光熹微中出发了。他打开学校的大铁门,换上早已准备好的制服,站在门口静静等待。

天已微凉。秋天仿佛把所有的爱倾注在了那条路上,慵懒的阳光拨开稀疏的枯叶,给满地的金黄再添一抹温柔,连泥土都有了淡淡的清香。我飞奔在这条小路上,无暇顾及两边的秋色,趁满地金黄的落叶还未牢牢牵动我的情思,一脚闯进校门。"路上小心!"我头也不回,只是习惯性地挥挥手。这是校门卫老黄的声音,浑厚又苍老。

放学后,我倚窗眺望:操场中间的银杏树落叶纷纷飞,地上已是满地金黄,泥土也被裹上了金黄色的棉被。好不惬意!

我慢悠悠地走向校门,远远地看见老黄站在老地方,看护着还没被家长接走的学生。听见他哼着不知名的小调,"今天早上是不是又迟到啦?"他看见了我,眼睛眯成一条。黝黑的皮肤在阳光的照射下更黑了,额头的皱纹层层叠叠,当他仰天大笑时,发出的笑声衬出了与其硬朗身体不符的苍老。

父母还未到,一阵风吹来,有些冷。"进屋去吧,来了我喊你。"他总会让我到室内去等,且帮着我时不时地往大门外张望。见到我的父母接我离开时,他便放心地向我挥着手交代:"明天别再迟到嘞,好好休息!"

第二天我早早便去学校,他更是早早地站在大铁门前,"今天挺早啊!"又是那苍老的声音。"那是!"我高傲地扬起头,他便"吼吼"地笑了,脸上随即充满了刺痛的粗糙感。

他对待学生就像对待自己的孩子一样那么用心,他这么多年辛勤的工作却从未向人提及,他只是一个普通的门卫。

不久前的一天清晨,学校告知大家,他遭遇车祸离开了。在早操时,校长带领全校师生为他默哀,早已有人泪眼婆娑。小雨淅淅沥沥地下着,仿佛上天也在哭泣,整个校园里都有一股沉重的悲痛。

夜已至,天幕上,悬挂着一颗星。在闪烁的渺渺茫茫的天际中,它的光不如启明星那样明亮,也没有北斗星那样夺目,更比不上月亮的皎洁与宁静。可是它默默地守候在天际的一隅。每当我抬头仰望着寂静的苍穹,我想它一定仍在守候着什么。那一缕微光,在天际算不上什么,但它内心充满热情。就像校门卫老黄,坚守在平凡的岗位上。他对学生的爱护与诚恳,对工作的热爱与执着,就是一种对生活的坚守。而这种坚守,就像那颗星,成就了他的永恒。

雨停,人去。

"路上小心!"

那个黄昏

高添逸

黄昏时分,一切都笼罩在暮霭之中,显得透明而沉静,夕阳照在熙熙攘攘的行人身上……

刚下公交,一曲悠远绵长、略带忧郁的乐声便飘入耳际。循声望去,夕阳里一位老人正坐在马路边的长椅上,拿着一支破旧的葫芦丝,正在出神地吹奏着。那声音婉转动听,可其中却又带着一丝沙哑,似倾诉,又似哭泣。

我不由得走近那个老人,蓝色的布衣,带着几个灰色的补丁,灰色的裤子,上面却有着几个不小的破洞,那仿佛是几年没洗的头发,如同一堆枯草遮住了他苍老的脸。他席地而坐,双腿盘起,尽量不给路过的行人造成不便,在他面前,放了一只瓷都掉得差不多的的瓷碗,里面只有寥寥的几个硬币。我只是瞥了一眼,不是不屑一顾,而是因为我心中有同情、怜悯,甚至悲愤。此时,我不可能坦然地走过这位老人，那样的感情交织在一起，真的不好受……

这时，一对母女走了过来，那位母亲全身披金戴银，家境不错，而小女孩儿一脸天真烂漫，听着那悠扬的曲子，硬要给那个老人一块钱。而那母亲把脸一板，鄙夷地说："报纸上说的，这些人都是骗子，不值得同情！"说完便拉着小女孩儿走了。

那句刻薄的话和那鄙夷的眼神狠狠地扎在我心里。但是那个老人依然低着头，仍然那样认真地吹着，是没听见？还是已习惯？我不知道，我只知道葫芦丝那带着民族气息的独特乐声飘荡在空中，在夕阳下，他的身影愈显得冷清而落寞。我的内心被深深触动了，我从没见过他们，这些行乞者的笑容。是他们不会笑吗？不是的，其实是这个社会剥夺了他们笑的权利。或许，他们心中有着不为人知的悲哀；或许，他们正背负着家里沉重的生活压力；或许，他们的家庭已经在破碎的边缘……但是，这个城市却忽略了他们的痛苦。

此刻，我将兜里仅有的五元钱掏出来放进碗里，就在这一瞬间，我看到了他略微上扬的嘴角。这一丝笑意是对我"慷慨"的感谢？还是对自己的讥讽？我的心又一次被触动了。在被拒绝的难过和被误解的悲哀中，需要怎样的乐观与坚强才能维持嘴角的轻扬？

红日西垂，路边的树枝切割着夕阳，把光的碎屑洒向褐色的地面，我坚定地走向回家的方向……

时光飞逝，转眼已过好几个春秋，可那个黄昏让我久久不能忘怀。自此每当我遇到行乞者，都会毫不迟疑地将自己的零用钱给他们，因为在那个黄昏，我在心中暗暗许下诺言：宁可错给一千元，也不能让一个真正的行乞者失去希望。

孤 独

丁月婷

原来从不曾懂得孤独。

因为从不曾感到孤独。

中秋是团圆的日子,可有些人却注定要孤独。

大清早,太阳却已经发出强烈而耀眼的光,真刺眼!心里莫名开始烦躁,搞不清缘由。三人从家里出发时就已经拎着大包小包的了,月饼、茶叶、油酥饼,各种水果以及补品。从来不明白为什么要这样,每个人都拎着大堆的东西去看望自家的老人,似乎这些东西就足以让老人们开心,看望就是走个过场,扔下东西说声"下次再来看您!"便匆匆走了,都不愿留下陪他们吃个饭。

今天也是这样吗?

大概是吧!

"去看看太奶奶吧,跟她多说说话。"妈妈如此说着，自己却又不愿去，让人觉得敷衍。

和爸爸站在太奶奶家门口敲了许久的门，每次来都是这样，太奶奶的耳朵和身子渐渐地变得不灵活了吧。门终于开了。太奶奶看见我们立刻笑了，将我们迎了进去。太爷爷依旧坐在阳台上看着报纸，没有戴眼镜，也不知看不看得清，看不看得懂。阳光下，他弓着背，满头银发反射着阳光，整个人小小的，干瘪瘪的，看起来却觉得分外的柔和、安详。

"坐一会儿吧！"太奶奶说着，她一直淡淡地笑，我却觉得莫名的心酸。

我们终究是没有坐下来，放下了礼品，就这样三个人站在客厅里，也没有话可以讲的，很突兀，很尴尬。

许久，太奶奶说："留下来吃饭吧。"眼里有些期待，我看到了。

我有些艰难地答："不了，一会儿还要去看奶奶……"——又是这样，她每次这样问，我每次都是这样答。其实我很想留下来吃个饭，因为几乎没有和太奶奶一起吃饭的机会，可爸爸一定是不愿的，妈妈更是不愿意——不知道他们是为什么。

太奶奶眼里的光暗了下来，却也没有说挽留的话，一切归于平淡。我的眼泪有掉下来的冲动。

"我们走吧，去看奶奶！待会儿一定再来看你。"爸爸迫不及待要走，撒谎也不介意了。我有什么办法呢。只是不住地回想这可怜的老人不会真的一直等我们再来吧，心里涌上一股罪恶感。

"嗯,再来啊。"没有过多的悲与喜。她又叫了太爷爷。也只有她叫他,他才会听得到。太爷爷慢慢地从房间里走出来,我冲他笑笑,叫了声"太公",可爸爸拉着我便走,只得匆匆道了声"再见"。

太奶奶一直送我们到门口,上车前我又说了声"太奶奶再见"。她站在门口,面色平淡得有些不真实。她如其他老人近乎相同的面貌,干枯的手指轻轻地搭在身前。她就这么静静地站着,却让我感觉到她向外散发着的高贵的气质。

车子开远了,她还是一路目送我们离去。直到转角,再看不见她的身影……

她大概还站在那里吧。还是那孤独的身影,还是那看破尘世的、不知经历了多少沧桑的双眼……

孤是王者,独是独一无二,独一无二的王者必须永远接受孤独。她就是那独一无二的王者吗?是的吧!她静静地站着,看日月交替,看春去秋来,她看着老友一个个地逝去,看着亲人一个个地远去。她在熙熙攘攘的大街上行走,却静得不像这个世界的人。纵然她也会有伤心、失望、寂寞,但也不会有过多吧。她看了太多太多,经历了太多太多,现在只想跟太爷爷过平静的生活吧。她是智者,是不需要人可怜、为她伤心的吧。

原来孤独就是经历了太多伤心、失望、寂寞后的一种升华,它如此高贵。

遇　见

韩云钊

　　我是一只猫——一只黑猫——一只诞生于夏天的黑猫。

　　人们总说，我是不祥的征兆，他们将我碧绿的眼眸看作附身的恶魔。

　　我不知道我来自哪里，也不知道我的母亲是谁，只记得第一次睁眼时那些凶恶的脸庞和唾弃的眼神。我被赶出了自己醒来时的那个墙角。

　　我走过一个又一个村子，一次又一次地被赶走，逐渐感受到了人类口中的疲惫与饥饿。我拖着快虚脱的身子在垃圾堆中寻觅，最终在被咬了一半的爬满了蚂蚁的面包旁停了下来。

　　我试着挪动前爪，却发觉身子越来越沉重，视线越来越模糊。

分不清是现实还是梦境,我仿佛掉进了一个黑洞。"你还好吗?"蓦地,眼前出现了一道微弱的光,越来越近,越来越清晰。我睁开朦胧的双眼,隐约看到了一个小小的人影。

"你很久没吃东西了吧?"那温和而轻柔的声音再次响起。"这个给你。"一阵香味飘来,我循着热气,艰难地挪了挪身子,连吞带咽地消灭了眼前不知为何的食物。

我终于完全睁开了眼,看清了眼前的,我的救命恩人的模样。

这是一个小男孩儿。当我的目光与他交会时,他正对我微笑着,大大的眸子闪着温暖的光。我慢慢支起身子,缓缓地向他走去,试探性地盯着他。他自然地蹲着,丝毫没有害怕,反而伸出了双手。我停下脚步,呆呆地站着,不理解他想做什么。忽地感觉身子不断上升,我向下望去,竟脱离了地面一米多。转过头,顿时撞上了他的视线,我突然感到了前所未有的安全感。"眼睛,很漂亮呢。"他笑着说道,"好像琥珀一样。"我望着他眼中满满的笑意,惊讶于他的淡定。这个人,没有和之前那些人一样恐惧,反而,喜欢我的眼睛。我感受着他环抱着我的手臂传来的温度,干涸而冰冷的心逐渐被滋润,被温暖。

"你有家吗?"我摇摇头。

"你的父母呢?"我摇摇头。

"看来,我们同病相怜呢。"我愣了一下。

"我们,一起去旅行吧。"我没有再注意他的话,只是死死地盯着不远处正烤着面包的炉子。

"还饿吗?"他征求似的问了一句,便径直走过去。

"请给我一个面包。"他从口袋里掏出几枚硬币。

"慢点儿。"他轻轻吹了吹,将面包递过来。

我愉快地叫了一声,便津津有味地啃起面包来。

不久,他带我登上了一列动车,离开了我出生的城市。

这是一次旅行,他这样说,眼神中带着点点忧伤。我看着窗外移动的景色,只是满心的好奇与惊喜。

因为遇见你,所以不孤独。因为不再一个人,所以不在乎未来有多苦。

难忘那个夜晚

郭鼎元

"江南好,最忆是杭州。"那晚,我感受到了杭州——这座千年古城的心跳。

暑假,闲着没事,回杭州探亲。一夜,酒足饭饱之后,有人提议:"夜游西湖可好?"这个提议得到了大家的赞同,于是,我们就出发了。

一路上,我兴奋极了,时不时地向窗外望望。唯一的遗憾是没带相机,无法拍摄到西湖的美。下车之后,我却失望了。

西湖边,游人络绎不绝,道路上车水马龙,四周围满了店铺,湖面一片黯淡,一点儿也没有想象中的静谧美丽。"还以为西湖有多漂亮呢,不过是个水汪子罢了。"我嘟囔着。但总不能刚来就走,于是,我们走上白堤,沿堤漫步。

堤上，游人少了点儿，我也可以享受一下在喧闹都市中难得的清静。别处的夏夜是烦闷的蝉虫乱叫，蚊蝇嗡嗡；而在这里，大自然是个完美的指挥家，让夏夜变得柔美。凉风习习，扫去了夏夜的烦闷；蝉语声声，奏响了夏夜的乐章。蛐蛐在草丛中演奏着优美的乐曲；荷花丛中不时传来青蛙的叫声，它是鼓手，让"夏夜"这部乐章充满活力。这一切，都是那么和谐。

走到白堤中间，游人几乎绝迹。隐隐地，看见了雷峰塔的灯光，闪在那混着水汽的夜色里。月光洒落在湖面上，湖水荡漾，月光化作了无数银蛇，在水中游弋。湖面上，几叶孤舟更是给西湖增添了一分孤寂和美丽。两岸连山上稀稀疏疏的灯光，朦朦胧胧的，有一种不可言说的美。

我漫步白堤，看着那闪着月光的湖面，心旷神怡，内心的尘埃仿佛都被洗涤。我的心，在那一刻与湖水融为一体。

我想我此刻终于明白为什么人们说"上有天堂，下有苏杭"了。杭州，像西湖一样有着繁华的外表，但只要你走近她，你就会发现她的静谧与美好。

我要走了。走吧，走吧，再看一眼那美丽的西湖，再看一眼那美丽的杭州……

回无锡的路上，我做了一个梦，梦见一个美丽的女子，身着古装，锦带在她周围飞舞。

难忘那夜，难忘西湖。

我知道，你一直嫌我不常打电话回家

许枷柠

贴吧上有一个好玩的问题，"你妈嫌你什么？"

回答五花八门，"我妈嫌我太懒惰"，"我妈嫌我乱花钱"，"我妈嫌我爱上网"，"我妈嫌我长不大"，"我妈嫌我没有腰"，等等，让人忍俊不禁。

但看到有人回的一句话后，我被触动了，她说："我妈嫌我离家远。"

想想那些独自在社会上闯荡的人们，虽然我还没透彻地体会到这是一种什么感觉，但当我一个人在外，离开你们独立时，你总会给我打电话，有的没的都要问，我嫌你烦。

你知道，我想多去外面看看，多看看世界，去接触五花八门的新事物，只要我不在家，每天几个电话是必须的。

我从没问过你嫌我什么，可是我知道，我离开家就不常打电话回家，是你的一块心病。

就像上幼儿园第一天，当看到同学都在因为爸妈要走而痛苦时，我却没哭，只是和你说了再见；长大点儿，住在外婆家，我从不会主动和你打电话，你却每天晚上打来电话问我有没有想你。

这个暑假夏令营，一个星期都在江阴。刚去时，你不停地和我讲一些要注意的，和我讲要每天和你打电话；晚上，我却因为要洗衣服、背理论知识、帮班主任查房而耽搁。第二天你就打电话抱怨我，每天聊的时间不多，也就只有几分钟，你会把一些注意事项再和我说一遍，问问我有没有瘦了，饭菜好不好，即使隔着电话，我也可以知道你下一句要问的是什么。夏令营结束后，我在各方面都拿了第一名，你和外婆外公都很兴奋，你一见到我，就要来给我一个拥抱，我说你像小孩儿。

你会注意我有没有累着。因为在我吃喝玩乐，没有看你的时候，你一直在注视着我。即便是相隔千里，你也通过电话、QQ关注着我的生活。

这些年，你看着我的头发从卷曲变柔顺，看着我的面容从婴儿肥变清新，看着我从一个婴儿长成少女。

可是十几年了，到现在我都不知道你的腰围、你的爱好、你喜欢什么牌子的化妆品，甚至你何时被烧菜的油烫了一下。

因为我不是那个小婴儿了，每天躺在床上，只有你陪伴着我，我只看着你。我长大了，开始念书了，开始认识形形色色的人了，开始有自己的个性，开始会处理问题，开始应接不暇地去认识去追逐，却，再也无暇回头看你。

你不善言谈，却始终牢固地站在我身后，看我走过的每一条路。

你希望我陪你逛街，可是因为补习班而经常落空。暑假了，我才终于陪你走过每家你想进去看看的衣服店，那是我十几年来，第一次认真地记你的衣服尺码。

后来，我在书上看到一段话：当有一天你耳边没有了父母的唠叨，你远赴千里之外的大学不再轻易尝到妈妈做的饭，你茫然走过一条又一条的大街，你毕业后找工作不顺利，你身上只剩两元钱吃饭，你生病时无人照顾只能躺在床上望着天花板，你始终不习惯开伙而总是泡面应付一日三餐，你在公司被人两面三刀算计，你在社会上行走艰难时，你一定会明白家的存在意义。

我像一只花蝴蝶进入了新的世界，你却像一朵花逐渐苍老。可是蝴蝶没有忘记花，我一直记得，在我年幼时，每晚躺在你身旁，听你讲一个个启蒙我的故事。

访河，访荷

吴培阳

　　晨光穿越黑暗悄然降临，晨曦的光芒轻轻地铺洒在大地上，红色的笑脸渐渐浮现在天边。推开门，迎着朝气蓬勃的朝阳，踏一路野花芬芳，闻一路夏虫轻鸣，我出发了。

　　老屋前的那条小河，是我的挚友。犹记得，童稚日子里的欢声笑语，与她的潺潺流水声奏出最美妙的乐章。今天我来看你了，朋友！沿着河边漫步，每一个脚印都在松软的泥土上留下了浅浅的痕迹，昨夜下过了雨，空气中还带着点儿泥土的湿意。轻抚沿河石栏，上面的沟壑、凹点都是光阴的见证。炽热的阳光照射在河面上，摇曳出夺目的光辉，水面轻轻地波动着，漾出金色的波浪。我轻轻地靠着河边柳树，望着柳枝倒映在河面上的倩影。水波轻轻晃动，河面上那抹俏色便舞动着婀娜的腰肢。柳条轻轻地摇摆着，是仙女的发丝吗？河水涓涓地流淌着，和记忆中的一样，永不停息。小河的生命好像永不终结，不管是在我的记忆中，还是我现在看到的。

　　七月，小河里早已如往年一样盛开着荷花。小荷亭亭玉立的清雅姿态早把妖娆多姿的柳树给比了下去，但仍淡然如初，这就是我爱荷的原因吧。就如周敦颐所说"予独爱莲之出淤泥而不染，濯清涟而不妖"，荷就是这样的清丽高洁。空气中飘散着荷花的幽香，淡淡的，却沁人心脾。又走回石栏边，踮起脚，半趴着，小心翼翼地伸手抚摸小荷粉嫩的脸颊，千万不能伤着她们。小荷粉里透白的脸蛋着实惹人怜爱，水中的她们，像是娇羞的少女。荷花香溢满了整条河，溢满了整片天地，溢满了整个夏天。

　　踩着松软的土，迈步走上青石桥，我感受到一种古老的气息。站在桥上，仿佛置身于太婆那个年代，我好像看到每个清晨、黄昏，青石桥都弓着腰任车马人潮行过，有人匆匆离去，有人驻足赏荷。嗅了嗅空气中的荷花香，我垂眸凝视小荷，太婆那个年代的荷花也是这样的芬芳吗？从桥上看河面，是一片广阔，像是一幅画卷，上面绘满了荷花、莲叶。忽地，我一转头，瞥见了一叶几乎被莲叶完全遮住的小舟，眼前渐渐浮现出一幅采荷图：一个粉黛未施的少女划着一叶小舟，慢慢穿行在莲叶间，她哼唱着采莲曲，温柔地采下碧玉般的莲蓬，她的脸庞若隐若现，为莲叶所遮挡，更添了一分神秘，她用手拨开面前的莲叶，真是人比花还美……

突然冷了几分,我脱离了想象,抬头看看天,有些灰蒙蒙的了,看来是雷阵雨。带着留恋,我深深地凝视了满池的小荷,很久才提步走下石桥。走至石桥下,我顿了顿足,回头又深情地凝视了一眼河与荷,才又安然离去。

踏着一路荷花香,闻着一路流水声,我离开了,如来时一般……

请让溢满夏日的荷花香永不消散吧,让它久久伴着潺潺流水。

最美的时光

最美的时光

谢欣怡

吱呀——老屋封存已久的门被轻轻推开,在梦中。时光如流水一般泻了一地,那是我最美的时光。

老屋后,长着月季,和我叫不出名字的花,一起开放,随心所欲地开,一盆水泼在泥土上,花儿快活地吸呀吸,努力地长呀长。我小小的手伸向花朵,偷偷摘下两片花瓣,浸泡在刚刚吊起的井水中,冰冰凉,看着花瓣漂在水面上,手指轻轻地点在花瓣上,控制方向。"花船。"小声喃喃一句,傻傻地笑起来。还是没有控制住自己那颗爱美的心,摘了片最鲜艳的花瓣就往自己的指甲上抹,用透明胶偷偷粘住,过了许久,才小心翼翼地拨开来看,那明艳的颜色如我所愿地到指甲上做客,顿时欢呼雀跃。那是月季和其他的花送给我的美,送给我的快乐。

当然,小时候回老家,是要在村里转一圈,在田野上玩一圈的。不知道谁家刚生几个星期的小狗，一蹦一跳地追着蝴蝶跑出来，看看我这陌生的面孔。逗逗它，它又高高兴兴地一蹦一跳跟在我屁股后面和我去田野里玩耍了。

最爱田野里的阳光，暖暖的，柔柔的，洒在身上，人也变得懒洋洋起来。蝴蝶掠过视线，一下子勾起了我的注意，它飞呀飞，似乎故意在逗我玩，薄如丝绸的翅膀掠过皮肤。我追着蝴蝶，看蝴蝶从这朵花飞到那朵花上。忽然，一抹小小的绿映入眼帘。拨开草丛，原来是一朵小小的绿花，那不是草的绿，不是树的绿，也不是任何能用语言描述出来的绿。我看得入迷了，不由自主地伸出手，却又触电一般缩回来，怕自己破坏它的美。花的模样，定格在脑海里。心思又被蝴蝶偷走，仍去田野里玩了一圈，随蝴蝶小鸟在田野上痛快地奔跑，编一个柳条做的帽子戴在头上。回来的路上，我东张西望地在期待着什么，视线中再没有出现那抹绿，但它已经印在了我的脑海中，定格在我最美的时光里。

老屋的门，重新关上。时光重新封闭，睁开眼，原来只是一个梦。老屋早已被轰鸣的推土机夷为平地，树，花，也已不复存在。一直向往那段时光。偶然听见爷爷说："家都没了。"才知道，原来爷爷也在想念乡村的屋，乡村的时光，想念乡村那融洽的气氛。我也在想念，想念蝴蝶掠过发梢的感觉，想念在田野上放肆地奔跑玩耍。可城市一步步向乡村侵略，如今的我们也只能固守于鸽笼般的屋子，再难拥有一片可以奔跑的田野。

偶有一只蝴蝶飞过，挥舞的翅膀中藏着无尽美好。我微笑起来，脑海里，又浮现出我度过的，最美的时光。

幸福在转角

庄玥琳

有一种喜悦，叫今天是周五，有一种忙碌，叫今天是周一。当然，更有一种伤感，叫——今天是周日。

周日，住校后，便有了新的定义。它，是悲伤的代名词；它，是快乐的终结者；它，更是离别的另一种表达，另一种诠释。

我坐在前往学校的车上，"百般无聊""百感交集"中，发出了以上感叹。没错，今天，就是"黑色星期天"了。

当学校的轮廓渐渐地在瞳孔中放大、清晰，一种离别的凄凉便涌上心头，挥之不去，比北京的雾霾更浓，更强烈。此日一别，何日相聚！等待着我的将是八天未知的校园生活，而我此时正在告别的，是"衣食无忧""丰衣足食"的快活日子。这一比，心中更添上了一笔抹不去的忧郁。秋风起，卷起凋零的叶，旋转、飞远。终逃不过飘落在地、奄奄一息的命运。观此景，不觉心生凉意。我们也逃不过学校的"魔掌"啊！

迈着沉重的步伐走进教室，嘈杂的吵闹声便包裹了我，不断撕扯着我的耳膜。背负着班长的使命，我只得走上讲台，一声"河东狮吼"示意大家安静。可场面一再失控，我"华丽"地被无视了。除了无奈，只有无奈。心也一下坠到了谷底，这就是我校园生活的开端么？长叹一口气，我走回了位置，呆坐在座位上，与周围的喧闹格格不入，仿佛在静想，在沉思。而此时我真实的内心感受是："透心凉！"那么一瞬，真觉得生活失去了希望。

放学吃晚饭去了，在楼梯的转角，我碰见了来和我道别的父母，望着他们眼中掩藏不住的不舍与担心，我心中不禁五味杂陈。大步向父母奔去，暂时把烦恼都抛之脑后。就这样扑进了他们温暖的怀抱，无忧无虑，无牵无挂。昂起头，不经意间发现了橘红色的晚霞。这其中还掺杂着落日最后的一缕余光。这晚霞的霞光从地平线蔓延而来，照在我的身上。在我的身后，是三个手拉手的影子。这三个影子抬着头，凝视着天边被霞光渲染成橘红的云朵。这一刻，幸福悄然弥漫……

快乐也许就是这么简单，这么自然。在悄然之间，它已降临。不要因低着头而看不见它的痕迹，小心留意着点吧，它也许就在转角。

我拥有宁静在心

洪海萍

残荷缺月也是一种美丽,粗茶淡饭也是一种幸福。若不寻得内心的一处静好,回忆往事,便如划了一根火柴,只消刹那间,便将一生的光阴给燃烧殆尽。

念一本书留得宁静。听见的声音渐行渐远,耳根清净无比。再有绵绵絮语潜入耳中,是书中的人物在耳语着什么。东家西家,邀唤来三五过客,煮一壶浓茶,聊几句天南地北的闲话。目光顿时流转着光芒,眼前如同老电影般在放映,人生聚散两依依,为书中一场离散而低眉,为一份真情而感动。风吹花落,翻得一面纸,做得一枚幽芳的书签。刹那间,人生得以留白,换来一方宁静在心。

抚一把琴留得宁静。手指在弦隙间律动飞舞着。把身子略微抬起,服帖在琴身上,细嗅原木清香,便闻得到大自然的生气,弹得便也快乐了起来。似有人在轻烟长巷中踱步，一拍一拍清脆绝响，才知巷中的宁静。若此，音符在琴身中飘荡，我听见了那份天籁般的宁静。

写一页字留得宁静。书写总是让人感到安静，若一笔一画专注地写，则会一分一秒地触得汉字的心跳，那中华文明的灵魂瑰宝。如光如水，总是无言，不如让字溶入水中，从狂躁年少到端庄大方的今天，哪怕在文字中衰老。随着时光流动，收获其沉淀下来的宁静二字。

念今世，与读书弹琴书写相处的人又有多少？它们被浮华世界强盗般冲去，是那样邈远又难以亲近。

愿在今后阳光灿烂的日子里，捧一本书，写一些读书笔记，不舍得让这些阅读过的书本，像河水一样从身边流走；愿在今后气馁迷茫的日子里，持一把琴，操弄不悦，用空灵之音来舞动尘封的心，去拥抱阳光；愿在今后躁动不安的日子里，写些字，让自己停下脚步，沉默地书写，就此迎来宁静。

留有宁静在心，按照心灵的道路循序渐进，不同驿站，不同风景，最终留下的，是走过万水千山的空旷。

光

姜永琪

　　那些可以轻轻给你温暖，让你在黑暗中突遇光明，甚至感动得热泪盈眶的，是光。

　　蜡烛有简单深刻的味道。只有在被黑暗笼罩的时刻，我们才会记起这具有强大力量的光。是宁静无声的夜，与一闪一闪不断上蹿的火苗，与宛若欲垂的泪滴的蜡水。袅袅青烟，自上漫开，氤氲上升，洒在桌前，洒在发梢，洒在心头。那一团火焰，橘黄色的光，像无边的绒球，缀了好几层，带来绚丽的色彩。晶莹的蜡水缓缓流淌，它仿佛感受不到痛苦，只是想亮一点儿，再亮一点儿，只是自己没有足够的生命去发光，于是便拼尽了全力，发出最亮的光。仿佛只有燃烧才是生命最好的演绎。它不知道，是它那颗迫切想要发出巨大光亮的心，在无边的黑夜，给了我们最大的温暖。

萤火虫有细小沉重的味道。"我徂东山，慆慆不归……町疃鹿场，熠耀宵行。"这是《诗经·豳风·东山》里的句子，一位戍边男子夜途返乡，替之照明的，竟是漫山遍野的流萤，多美的回家路啊！萤火虫是微小而美丽的存在，它们在夜晚聚到一起，一齐闪动着暗示生命的光，飞过年代久远的老木屋，飞过吱吱嘎嘎的湖心亭长椅，飞过说着悄悄话的情人，飞过轻声梦呓的孩子。从树梢上飞过，又掠过湖面，仿佛一条美丽绝伦的光河，投下一地仿佛梨花落照的阴影。直到他们生命的尽头，会变得很亮，便再也瞧不见这可爱的身影了。它们就这样在空中留下璀璨的身影，在人们心里留下美丽的梦。他们的生命如此短暂，如此沉重，却带来浪漫的色彩。它们用一生造就了美丽，尽管只是小小的一个，却是我心中最伟大、最美好的存在。

　　星星有宁静深远的味道。"黑黑的夜空低垂，亮亮的繁星相随……"这是我最喜欢的一首歌。星星总是被忽略的，因为在我们看来，它的确渺小到令人无法寻觅。但是因为它的存在，迷路的人能找到回家的方向，与亲人永隔的人能够找到思念的寄托。逝者宛如天上的一颗星星，每每看到夜空，便会不住寻找，我的亲人，我的前世今生。它们的神秘，似有着深远的感觉。它们有时璀璨无比，照亮每个孩子甜蜜的梦，有时若隐若现，为漆黑夜空带来一丝光亮，却不盼人们找到它的身影。那点点星光，指引了梦想，照亮了远方。

　　阳光有明朗亲切的味道。自清晨至黄昏，从出生到死亡，无论贫穷富贵，它都不离不弃。黎明，阳光驱散黑暗，像一枚红玛瑙，像在黑暗中绽放的蔷薇，开出谜一般的灿烂。太阳那美丽而孤独的灵魂，旋转着上升，瞬间光芒万丈，刺得黑暗迅速下滑。这不是伪装，只因它的力量威苍慑穹。黄昏，阳光变得温和、亲切，像外婆用粗糙的手抚摸孙儿的头。它洒在发梢，洒在脸庞，映出皮肤上细细的绒毛，照下可爱的阴影，它拂过斑驳的墙角，安慰伤心的人们，在街角起舞，带来一天最后的希望的色彩。阳光博大，它带给人们同等的爱，无所谓追求，只是奉献。

　　它们的光，它们的无私、美好、深远、博大，在我心里婉转成一束美妙绝伦的光，指引我精神的道路，是我心中永不磨灭的光。

有关考试

易 洋

梁实秋说："其实考试只是一种测验的性质，和量身高体重的意思差不多，事前无需恐惧，临事更无需张皇。考的时候，把你知道的写出来，不知道的只好阙疑，如是而已。"听了这番话，心中总会有几分慰藉，毕竟鲜少有人会因为量身高体重而提心吊胆吧。但也不尽然，每次都是几家欢喜几家忧，百般滋味，分不清甘甜与苦涩，得到与失去。

第一味是手里捧着的礼品盒，里面可能装满了被包裹得明艳的糖果，也有可能空空如也。它的重量叠加在手上，也叠加在心上。它矛盾地给了我们动力，却又减掉了我们的勇气。但一颗颗翘盼激动的心不会改变。所以，我们不需要逃避，在不同的面容和神色下，都暗藏着一种少年人的豪情壮志，尽管很稚嫩，期待和惧怕反复无常，但为自身所需，为自身所用。

　　第二味是调色盘上所有颜色混合所呈现的深色。还记得八百米测试的时候，呼啸的风从耳边擦过，意识开始涣散，突然听到另一位女体育老师训练学生在做俯卧撑："对，手臂压下去，咬紧牙关，吃得苦中苦，方为人上人。"扩音器的声音传得很远。想要咧开嘴角微笑，却发现唇已干渴。心脏因剧烈收缩显得钝痛，可是要在心里默念着：有些苦你必须要吃，无论是身体的锻炼，还是头脑的锻炼。我们需要体验测验时紧张的气氛，需要感受犹豫不决的心悸，直到淡定从容，处变不惊。

　　第三味是名落孙山的愁苦，这些时候往往还伴随着扼腕叹息，悔不当初，或者静坐冥想，思绪万千。知晓分数的时候会有一瞬的伤痛，慢慢扩大成哀怨，萦绕良久。但是这种抑郁的心情总是如雾气一般在阳光乍现的时候弥散，有些转化为了动能，有些转化成了内能，或喜或悲都没有了价值。

　　"不以物喜，不以己悲。"对于考试，对于人生，这句话都再好不过。但是因为过于高远而难以达到，因为各种情感影响着思维的同时也可以成为目标或者鞭策。所以，不是不喜，不悲，而是张弛有度，理智地保持清明，可以带着自信，重新站在起跑线上。

原来我没懂

邹怡枫

欣赏艺术作品,尤其是中国画,辄有留白之处。我以为我理解那份白,可是,我没有。

宋代马远著有《寒江独钓图》,寥寥几笔,一蓑一笠一扁舟,勾勒出一份"孤舟蓑笠翁,独钓寒江雪"的意境。而画面之外,全是空白。那时,我只知,留白是一种艺术表现手法,一种绘画技巧,一种画师风格。

后来又看过了另一幅《山径春行图》。正是"云淡风轻近午天,傍花随柳过前川"。柳枝抽出新芽,早莺飞舞。江面平阔,高士走在小道上,被眼前的美景吸引,又驻足于此。路不宽,却很长。但在实际画面里,路并不长。可前面一片空白,总能让人想到那是一条路,曲折蜿蜒着向前伸去,连到那一头。我一惊,这一片留白竟如此巧妙。它用白代路,用空替实,让观者自产生联想,留下一段想象的空间。或许留的那份白便是一段想象的空间。

但真正看了马远这人，又有了不同的想法。

他善画自然，多留白。他是一个真性情的人，一个潇洒的人。他懂得自然之趣，也懂得处世之道，这在他的多幅作品中均有体现。大片大片的白，大片大片的空间，此处无物胜有物。他给自己的人生留下了许多空间，不必为了什么苦恼纠结，也不必为了什么牺牲自我。仅仅是随心所欲地绘画，绘画，留下了多幅名画、著作。正是这一份对生活的留白，使他的作品都有了灵气，有了生命，不受约束。我蓦地发现了那份白的真正含义。

白不仅是一种风格，一段空间，更是一种人生态度。这样那两幅画的白便都能诠释了。

便是那片天，那条路。

便是那人生的空白，任凭自己去挥洒笔墨的空白，便是那未来的无限可能。

留一份白，留一份未来。

我才发现，之前从未真正透彻理解过这份白，这片任凭鱼跃鸟飞的海与天。

留白，留出思考，留出可能。

长大了，变小了

尤安睿

从小到大，看到乃至写过很多关于成长的烦恼，如今仔细想想，不禁嗤笑一声：成长怎么会那么容易？那可不是学会一道菜或者承认几个错误就够的，而是一种心火磨炼后的蜕变。因此每每看到小学生，尤其是一、二年级的小学生，人生在世要做些什么都没确定的小朋友居然大谈"长大了"，顿觉中国教育害人不浅，只教了小朋友们说假话、傻话！

这里便又要触及那个中国作文中以"假大空"闻名于世的"我长大了"，可长大了究竟是什么？会穿衣会扫地会烧饭会考试会后悔？那是必须会的技能，不是长大！长大了，并不在于究竟是八岁还是十八岁，山里八岁的小娃娃没准就比十八岁的城里大少爷成熟得多，有目标，有理想，有责任，明白一切都要靠自己，也明白面对危难无论如何都不放弃。这种特质，是长大所应该具备的，是立足于社会所要的。换言之，长大了就是学会从经历中提取宝贵经验，努力地承担好自己的责任，面对苦难，学会从苦难中找出有利条件，从而飞得更高。

  长大了，是一种自我尊重，一种自我价值的实现，是一种对生活的释然轻松。写到这儿，又想到了以前学校出游，十天前就开始准备，那兴奋真是说不出来。那时那个兴奋过度的小丫头，怎么会想到七八年后的自己听说秋游了，只是表示了一下"知道了"，然后好像根本不期待一样，老老实实地写作业读书上课？那种适应后的平静，想来也应该是一种长大，心变得成熟稳定，平静如水。但是，在家中兰花开时依旧是欢呼雀跃，也许就是一种对情绪的掌控，明白自己其实不能做什么，就沉静了。

  长大的话题谈了那么多，就来说说变小吧。自从一次次渡过心坎逐渐成熟后，便对一些人表面成熟、内心肤浅的行为不屑一顾了。也许他们外表闪亮，看起来十分入时，十分独特，但事实上也不过是孩子气的夸耀，人越长越大，心理上却从十几岁，变成了小孩子。

  成长，不是年龄，而是心灵；不是技巧，而是品质；不是浮夸，而是真实；不是固执，而是责任。

  每一个人，无论现在如何，都有一个血泪的成长史，那是历史，不是过家家。

  人是怎么样的？留待弥留之际再定论吧。而努力成长，完善自己，经历生活，才是如今该做的。

最　美

华聆帆

世间最美的不是所谓时光不老，而是错过！

犹记得那时我还是个什么都不懂的孩子，家里还没能买上车，我和爸爸妈妈每个周末都会乘公共汽车去乡下，看望爷爷奶奶。

那一天，我们同往常一样，早早地来到公交站台准备等车。来到站台边，我们发现离我们不远处有一辆车刚好缓慢地启动，我们顾不上喘气便追了上去，可是那车并没有像我们所期待的那样停下。无奈，我们只好回到站台继续等待。太阳高高地悬挂在空中，散发着刺眼的光芒，似乎在嘲笑着我们错过了那辆车。

儿时好动的我自然不甘就那样傻乎乎地站着静等。于是便拉起爸爸的手向对面的小卖部跑去，准备买些吃的一饱口福，以解错过之气。正当我和爸爸准备穿过马路继续行进之时，路中央的绿化隔离带使我停下了向前迈进的脚步。我看见一朵紫色的小花儿正在阳光的照耀下绽放，娇小而醒目地点缀在万绿丛中，散发着耀眼的光芒。我俯下身子细细地欣赏，前面还有不少羞涩的花儿正含苞待放，有的才露尖尖角，还有的正翩翩起舞，一团团，一簇簇，一片片，仿佛整个世界都属于它们，属于这些五彩缤纷的花儿。我的世界也顿时亮了起来，成了五颜六色的花的海洋。"太阳当空照，花儿对我笑"应该就是如此吧！

再用心闻一闻，这些花儿虽不如桂花般香飘十里，却也散发着一种极好闻的清香，清新淡雅，耐人寻味。那一刻我自己也仿佛变成了其中的一朵花。一阵风吹来，我随着风儿翩翩起舞……

人们往往不喜失去，向往时光不老那样的永恒，于是害怕甚至极其厌恶错过。然而我却十分感谢那次错过，因为那次错过，我看到了那容易被人忽视的却极美的花儿。

如今我明白了，那些曾经错过的，如今就用微笑来回忆吧，错过是为了更好的遇见。

世间最美好的是错过，它如夏花般在我的心间绽放。

草木童年

苏俊文

春天到了,嗅着草木的味道,思绪渐飘渐远,就像一粒种子,回到了泥土里……

石 榴 树

家门前有两棵石榴树,盛夏的午后,总是一树清凉流泻到地上。在长长的午梦中,那长长的影子也摇曳着,直至橘黄色的光晕溢满整个天空。

只是这两棵树也真奇怪,长着长着就闹起了别扭,于是它们中间就有了一个大大的分叉。这个分叉竟成全了我。从分叉口垂下两根绳子,离地两尺处再系一条厚厚的布袋子,摇起来,就成了秋千。那秋千摇啊摇啊,满载着脆脆的笑声,摇得我的回忆都朦胧了。

到金黄遍布整个乡下的时候,石榴树也带来了红红的一片。小小的我,总是怀揣着美丽的公主梦,还有几个饱满的石榴,爬进我的被窝王国里。

丝 瓜 藤

外公在花坛边搭了个架子。高高的架子,一直顶到二楼窗户边。有个小家伙探着头,头顶上点点绿色,在我的视野里不断延伸,逐渐变大,变得绿意盎然。在这鲜活的生命中,诞生了自然的精灵。那花也不懂什么叫矜持,一开就轰轰烈烈,惹得蜜蜂从遥远的地方赶来,嗡嗡嗡地闹。

我不爱吃丝瓜,外公说黄瓜变身后就是丝瓜了。于是信口咬下,满嘴甜津。于是丝瓜便成了我的最爱。只不过,现在再怎么努力也尝不到那时的丝瓜味了,有的只是涩苦。

小 青 菜

我在柜子里拽出一大包菜籽。听阿婆说,这是小青菜的种子。于是我兴致勃勃地种下了它们。

我看过它们在黑暗中的样子。弱弱地,轻轻地,一点点地向上探。不曾沾染过污垢,像刚刚降临在世界上的孩子，像没触碰人间烟火的一方宁静。露出青青嫩嫩的头的刹那间，世界上的一切事物都失去了它们原有的色彩。然后，褪下了轻薄白纱，嫩绿的它们会慢慢成长，变得强壮，也变得独一无二。

终于到成熟的时候了。看着碗里的它们，却怎么也下不了口。

这就是我童年里的草木。不管是伤心低落，还是开心畅快，它们总是缠绕着我的心，不离不弃。这些绽放与蓬勃生生不已，使我的心充满了力量。

栀子花开

黄沁怡

清晨,行走在江南小镇的青石板上,一股清幽的花香在空中飘荡。正值栀子花开时节,一处是炊烟瓦舍,一处是温婉如玉的栀子花。放眼望去,犹如一幅淡淡的水墨画。

一抬头,在郁郁葱葱的层层绿叶之中,还点缀着许多栀子花。有的含羞待放,像个亭亭玉立的小姑娘;有的刚刚绽放,真是"犹抱琵琶半遮面"。紧接着,大片栀子花便陆续开放,散发着纯净的气息——那素洁如凝的花朵缀满枝头,细腻而柔棉的花瓣晶莹润泽,仿佛美玉雕琢成的,淡雅得没有一丝装饰,纯洁得没有一丝杂质。外层的花瓣还残留着花萼上的淡青,仿佛这雪白是从这青色中努力钻出来似的,怯怯的,惹人怜爱。远远看上去,一株栀子树就像是一个数世同堂、生生不息的大家族。

花朵两侧碧玉般的叶子往下垂着,有些嫩黄带绿往里卷曲,有些深绿色的叶子像匕首一样往外伸展着,形态各异。一片片叶子像一个个士兵保护着美丽的花朵。一阵微风吹来，几棵栀子树随风舞动，婆娑起舞，扭动腰肢，美丽极了。

凑近前去闻一闻，一股淡淡的香味扑鼻而来，香味中含着树叶的清香，带着雨后泥土的幽香，夹着早晨空气中的暗香。这香味足以令人陶醉，令人回味。

白色的栀子花，无论枝头吐芳，还是落地为泥，一概素素淡淡，清清雅雅，如白玉无瑕。我为之惊异，尤其是那馨香，若有似无，不经意间，如影随形，四处散漫，仔细嗅来，又全无踪迹可寻。闻之有若仙气，神清气爽。

栀子花不但样子美，还有很大的作用呢！它能清热解毒、降血压……是中药里必有的药材。

夏日，栀子花就这样一直默默地立在强烈的阳光下，散发着清香，把空气浸染得更清新，给路人留下一片淡雅。而她自己却忍受着烈日的煎熬，让暑气吞噬着自己柔弱的身体，她却从来没有退缩过，眸子里藏着劲婉的坚持。素雅的白色，是她纯洁的心……

我爱栀子花，虽然她没有牡丹的雍容华贵，也没有玫瑰的妩媚可爱，但她有花的纯朴和旺盛的生命力。她不屑于装点豪华的别墅，华丽的舞会，她只为生她养她的土地奉献一缕芳香……

栀子花的香气，令人心旷神怡；栀子花的样子，令人感到舒心；栀子花的生命力，令人惊叹。栀子花的一切，都是那么清丽高洁。我永远赞颂你——栀子花。

童年的盛夏

陈伊娜

回忆起童年,便想起乡下奶奶家,那间大木屋,那只老猫和那片树林。

童年的盛夏,是那样的宁静而安详。老猫拖着肥肥的尾巴慵懒地倚在阁楼上,眯着眼,奶奶和爷爷则在东房里酣睡。那时,我总是精力旺盛的,在阁楼里,"蹬蹬蹬"地跑着,老猫不时怨恨地看我一眼,嗔怪我打扰了它的午后时光。窗外的世界总令我神往,于是,我便去闹醒熟睡的奶奶说,要去捉蝉。睡眼惺忪的奶奶拗不过缠劲十足的我,同意了。

我们带着两根长竹竿,上面粘了两团面糊,一个小桶,骑着自行车,摇摇晃晃地到了家后的树林。透过树叶间隙,阳光洒落了一地。我是"新手",奶奶是经验丰富的"老手"。树上蝉很多,刚开始只看到一两只,后来慢慢发现，我们的周围满满的都是蝉。

奶奶找到一棵低矮的树，先用竹竿对着那只"目标"蝉，两眼紧盯着它，慢慢地，悄悄地向前移动，面糊也一点儿一点儿地靠近蝉了。挨得近了，猛地向上一戳，竿子一挥，蝉就被粘到了面糊上。"粘住喽！粘住喽！奶奶好棒！"我拍着小手，探头去看那只被"俘获"的蝉。嗨，它还在那里不断地挣扎呢！"我也要捉蝉，奶奶！"我吵着嚷着。我学着奶奶的样子，找着一棵小树，小小的我颤颤巍巍地举着竹竿，死死地盯着"我的"蝉，一小步一小步地向前移着，竿子晃来晃去，我自认为时机已经到了，突然将竿子一挥，还不知道目标到底在哪里，我就那样胡乱一挥，天哪，蝉是没有捉住，其他蝉也都飞跑了！我哭丧着一张小脸，奶奶搂着我，慈祥地对我说："你要找准目标呀！不要乱挥，要直往上戳！""哦哦，好的！"我重新拿起竹竿，吸取了前次的教训，不慌不忙地，很慢很慢地向前走，定准目标后，快速地向上一举，"耶！我抓住了欸！"那是我第一次捉到蝉，欢呼雀跃地围着奶奶，兴奋得直跳……

现在，奶奶家已经拆迁了，但是每到夏天，每次听到蝉鸣，我就会想起那只老猫，想起那片树林，想起——我的奶奶！

亲切的怀恋

姚旭美

江南的水啊，于我很是特别，那幽幽流淌着的河水总是能牵动我的思绪，只是一见便再难忘记。如余秋雨先生所言，"小河贯穿了镇上的一切，人事景情融在水里渐渐散了，化了……"即便我只是匆匆过客，但这份浓浓的思念怕也早已融于这江南的清清河水中。

江南的水啊，你是我最亲切的怀恋！

漫步于乌镇的青石小路上，吴侬软语在耳边呢喃。穿行在这小桥流水、石桥木舟之间，仿佛一呼一吸之间都带着特有的江南水乡的亲切韵味。河面上氤氲着朦胧的水雾，古朴的木船桅杆上挂着的蓝底白花的印花布在风雨中摇曳。我坐在船头，看那水中的波纹一圈圈荡开，心神也随之荡漾。离开水就没有乌镇。虽然这水没有八百里洞庭水天一色的浩荡，没有庐山瀑布那飞流直下三千尺的壮观，但这水却是乌镇的血脉，乌镇的宁静和质朴就缘于这缓缓流动的水。岸上的人犹爱这充满律动与灵性的水，黑瓦白墙的房舍，风雅别致的茶楼，一半站在岸上，一半栖在水里，他们伸伸手就能捞到水里的鱼虾，探探腰就能够到水中的红荷。乌镇的水滋养着镇上的人，他们悠然自得，恬淡安逸。我也忍不住弯腰掬一捧在手，以水拂面，那水清清凉凉，身为远客的我似乎也沾染了这小镇的古朴气韵，心变得澄澈安定。乌镇的水啊，我与你似又亲近了几分。

离开乌镇，徜徉于西子湖畔，亲切之感扑面而来。"欲把西湖比西子，淡妆浓抹总相宜。"幼时便与你在诗里相识，而今走在堤岸上，我总会有一种穿行在千年之前的恍惚。在这里，沉淀了太多太多的文化，承载了太多太多的故事。合上眼帘，风儿在我的耳边诉说着一个个关于你的动人故事，绝美的苏堤白堤陪伴着你，高耸的雷峰塔护佑着你。在阳光的爱抚下，那如丝绸一般的流水潋滟无比，饱含深情又充满希望。西湖的水啊，你让我念念不忘。

桨声汩汩，寻着朱自清先生的足迹，我来到了那晃荡着蔷薇色的历史的秦淮河。

我在杜牧的诗中读到了你"烟笼寒水月笼沙，夜泊秦淮近酒家"。我在《桃花扇》中读到了你"梨花似雪草如烟，春在秦淮两岸边"。我总是想起你，那河岸边纷飞的琼花以及漫天的柳色在我脑中挥之不去。每每吟诵起"商女不知亡国恨，隔江犹唱《后庭花》"，我总觉得自己仿佛置身于江河日下的唐朝，面对朦胧清冷的河面而终至泪水婆娑。你从历史的深处向我走来，寒烟笼罩着细雨，就这样在旷远的土地上无言地日夜流淌，静静积淀着自己的厚重与深沉，然后汇入更为浩瀚的长江。从你身旁走过，我捕捉到了李煜、杜牧等无数文人的悲伤，也感叹着历史在悠悠岁月中随着这水流滚滚向前。

　　江南的水啊，不知亲近了多少人，也不知让多少像我这样的人为之陶醉。行走在这如水的江南，远离了尘世的喧嚣，汲取了历史的深沉，亦回归内心的宁静。江南的水啊，虽然与你们已分别许久，但你们却仍如故友一般成了我最亲切的怀恋。

一次难忘的面试

吴 琼

那是一次令人难忘的面试。

学校"鹤声文学社"要在四年级学生中招新社员,爱好写作的我领了报名表,填好基本情况交给负责宣传的同学。那位六年级同学说:"听通知面试!"奇怪,这文学社不就是学习写作吗?搞面试干吗?选美呀?

星期五,文学社公告栏贴出通知,让所有新报名者星期五中午十二点到音乐教室门口排队等候面试。我怀揣着一肚子疑惑,按时到达。

终于轮到我了。只见教室前面并排坐着四个六年级同学。最左边的那位是个女生,一脸的笑,眉毛弯得特别好看,真是人见人爱。第二个同学是一个黑脸的男生,身子特别瘦小,但两只眼睛却炯炯有神,他看我时,真像两道闪电射了过来,让人有一种被看透了的感觉。第三个同学则是一个白白净净的胖男生，头发却剪得很短，看上去真有点儿不协调，"脸大肉呆""变形金刚"等词语忍不住从心底冒了出来，还好，我没有脱口而出。最后一位是个女生，脸上则没有表情，特别严肃，不用说，她一准是负责人了。

难道，这四人就是传说中的"校园四大才子佳人"……

"姓名，年龄，性别，班级……""一脸笑"的女生开口了。

啊？这不是审理犯人吗？这叫啥面试？本人一头披肩长发，明显是个靓女呀，怎么还问性别？再说了，这些信息报名表上不是都有吗？心中的火气直往上蹿，但我还是强压了下去。人在屋檐下，怎能不低头。我故意露出浅浅的微笑，一一做了回答。

"很好。"黑脸男生说道，"现在请你说说为什么要加入我们文学社？挑一篇你觉得写得最优秀的作文说给我们听听？"

这还有点儿像面试的味道。这两个问题对于我来说，简直是小菜一碟，因为我的口齿伶俐实在是出了名的，再说，这之前我就做了准备，对文学社进行了详细的了解，同时还准备了口头作文。

看着滔滔不绝的我，最右边那个女生脸上露出了一丝微笑。我知道我有"戏"了。

果不其然,我刚讲完,右边的女生开口了:"你真不错。好,下面进行实践能力考查,请你转过身去,不准回头。"

啊,这面试咋还搞什么实践能力考核,怎么考?难道要现场写一篇作文?这不可能吧,前面的人根本就没有花这么多时间呀?

正当我一头雾水时,背后传来声音,"要求是:请你用生动的语言,按照从左到右的顺序,对我们台上四个人的外貌进行描述。现在开始。"

呵呵,这是考观察能力呢!幸好本姑娘不怯场,一上来就把他们看了够。略一思索,我便开始进行描述:"最左边那位姐姐穿着白裙子,一脸微笑,两只眼睛水灵灵的,特别是那眉毛……"

背后突然想起了掌声,我转过身,只见那名"脸大肉呆"的"变形金刚"竟然激动地站了起来,正鼓着掌呢。可能是我刚才说他胖得像小面包,美了他吧!

结果可想而知,我成了二十名新社员中的一员。这件事告诉我,养成随时观察的习惯真是太重要了。

成长的滋味

施梦瑶

我如门前的香樟树那样越长越大，外婆如那老槐树越来越年迈。这便是成长吧。

或许，我总认为不变的是那糖人滑过舌尖丝丝的甜味。

小时候，我在老灶这头，外婆在老灶那头。大灶中用温火熬着的是琥珀色的麦芽糖浆，时不时氤氲着香气。一缕缕香气萦绕着小小的农家院子，抚过院中的每一株花草。我总是托着小脑袋，每隔几分钟便问一次"好了没啊？"或是心急地往灶中添几根木头，外婆总会急忙制住我，说道："急不得。都要有个过程。"我每次听了，嘴巴都会噘得可以挂个小油瓶，气鼓鼓地坐在一旁。

待好了，心情也自然好了。外婆会捏好形状，我便会对着口子一吹，糖人便立马就好。剔透的琥珀色在太阳的余晖下，散发着诱人的光泽，鼻尖萦绕着沁人心脾的麦芽香气。我便会拿着糖人，走街串巷地逛一圈，炫耀一番。糖人是甜的，是童年的味道。

再大一些，我在城市这头，外婆在城市那头。我和父母总会在周末驱车一个半小时去农村小院。舟车劳顿后，那糖浆总在我们到之前用火温好了。不用再像儿时那样焦灼等待。那糖入口即化，体会到的是回家的温暖和劳累后的放松。外婆总对我说："我看看那樟树啊，便知道阿瑶长大喽！"那糖人伴着童年的回忆和成长中的抚慰。

现在，我在南方，外婆在北方。一日，母亲红着眼眶将外婆打来的电话递给我："外婆，什么事？"我问道。她的声音一如儿时的慈祥，宛如清风拂过心窝："没事，就想听听你的声音。外婆等你回来吃糖人。"蓦然发现，外婆是孤独的。不久，我们便踏上那条早已陌生的回乡路。母亲告诉我："外婆患了老年痴呆，在慢慢地遗忘一切。"心仿佛抽疼了一下。我望着外婆站在路口，风中缕缕的银丝愈发突兀。那高大的香樟树下，是佝偻的她。

我坐在灶这头，她站在灶那头，喃喃道："外婆就想多看看你们，就怕一转眼就忘了你们长什么样了。"她微微背过身去，不让我看到她在拭去眼角的泪珠。再转过身来，笑道，"好喽！这呀可是外婆最后一次做喽，下次啊，怕是咸是甜都尝不出了。"

我轻轻地，慢慢地咬下糖人，不像小时候那么着急，希望可以品尝到绵延的滋味。丝丝滑滑的甜味后，萦绕在舌尖的是苦涩，是成长的苦涩。

成长啊，如同熬糖浆，过程急不得；这滋味啊如那糖人，到最后竟会品出苦味来。

如今我已渐渐长大，而她却苍老了许多；她陪我长大，我却不能陪她变老。我愿时间过得再慢一些，让成长的我慢一些，她再老得慢一些，遗忘得慢一些。

从那以后，我再也未吃过外婆亲手做的糖人。即便是吃买来的糖人，那都是甜苦交加。这便是成长的滋味，成长的烙印。

城里的粉墙黛瓦

杨之立

现在的高楼大厦,要么是清一色的玻璃幕墙,要么是从上到下的石材立面,虽也算壮观、气派,但总感觉少了几分灵动。

前段时间偶到梅村闲逛,发现这里的建筑很有特色。一路之隔,恍如隔世。路左是现代风格,简洁明快,无论是住宅小区还是商业店铺,都彰显了现代文明的快节奏。而路右却是古色古香、雕梁画栋,无论是新造的临街民居,还是原有的深宅大院,都是清一色的粉墙黛瓦,加上那巍峨的屋脊、耸立的山墙、翘挑的屋檐,更是自成一格,别有一番趣味。

每每经过这些仿古建筑,我都要仔细端详许久,然而看多了,心里却有一种别扭的感觉。因为这些临街的民居虽然粉墙黛瓦,但却有十几层高,它们笔直地挺立着,却丝毫没有端庄之感，相反却显得很不协调。想那正宗的徽派建筑，虽也是粉墙黛瓦，但却是用最简单的色调勾勒出大气敦厚，也是家族居住的传世之宅。而这里呢？几十层的高楼住进了一群彼此陌生的人，他们将这里作为临时栖身之所。初衷变了，感觉自然就完全两样了。

更遗憾的是，这些房屋的上空，满眼灰蒙蒙的、病恹恹的，蓝天白云恍惚是前世之景，这还是人们想要的吗？也许，这些仿古建筑的设计者骨子里有江南情结。可是，江南精巧玲珑的风韵不仅来自建筑本身，更需要小桥、流水、竹林、碧天的渲染啊！没有了这些渲染物，再多的粉墙黛瓦也是枉然！

这些城市里的粉墙黛瓦，映衬出一个苍白无力的现实——乡村在消逝，无数游子曾经魂牵梦萦的故乡已支离破碎，曾经的雕梁画栋、碧水蓝天，现在只能留存在影像中了；曾经的花木成畦、双燕翻飞只能留存在老人的回忆中了。城市，没有了诗情画意，没有了鲜活灵动，留下的，要么是冰冷的钢筋水泥，要么是生硬的粉墙黛瓦。人类远离了自然，以往春燕结巢、喜鹊踏枝、蜂飞蝶舞都不复存在。我始终不解的是：先拆掉古宅，再"仿古"造宅，人类如此折腾究竟为了什么？

或许，人类已经意识到了故乡在消逝、文化在泯灭、自然在远离。既然城市化的进程不可阻拦，这些仿古建筑就算是人们对历史的挽救吧。但愿，故乡真的能被拯救！

人间有味是清欢

锦 扇

刘嘉欣

偶然在书橱翻找资料,指尖触到了一柄温润的木,抽出一看,竟是一把折扇!

轻轻展开,一阵幽幽的桃木香弥散开来,似有似无,袅袅娜娜,让我有点儿恍惚。丝锦做的扇面,细腻宛如婴儿的肌肤。扇面上,墨色的叶衬着粉嫩的荷,真的是"映日荷花别样红"啊!荷的根茎上随意地点了几根刺。荷在风中摇曳着,仿佛水边的一位芳草佳人。叶用的是粗犷的泼墨,一柔弱,一粗犷,相映成趣。几只蜻蜓低低地飞着,飞着,它们是为了驻足,而在挑最漂亮的荷花吗……

这把折扇曾经是我最宝贵的东西,不知是多少年前,妈妈从一个小摊子上买下它,把它送给我作为儿童节礼物。那么小的我,那个盼望着夏天能吃冰激凌的我,看到这把扇时,一下子被它吸引了。那时的我,不晓得上面画的是什么花,只是觉得这把折扇好漂亮。我的乐趣不再是在骄阳似火的夏日里,小心翼翼地舔完一支奶油冰激凌了。我用它扇风,用它扇出一阵又一阵凉爽而带着桃木香的风。在炽烈的阳光下,我穿着一件纯白无瑕的连衣裙,用它顶着火球似的太阳,觉得扇下是多么凉爽。我躺在床上,高高地举起扇子,细细地端详,仿佛自己已经在荷塘里了,我睡在一叶小舟上,叶子从水面高高地挺立起来,宽大的叶子遮住了阳光,有一两声蛙鸣从远处传来,而后又恢复了宁静。叶子突然摇曳了一下,我猜,许是有一尾金鲤鱼正从水下游过吧!我眼前忽然显出一幅江南的景致:

江南可采莲,莲叶何田田。

鱼戏莲叶间。

鱼戏莲叶东,鱼戏莲叶西,鱼戏莲叶南,鱼戏莲叶北。

咦!江南,竟浓缩在我的这把折扇上了。我呢,竟被一把扇子勾走了魂……

魂兮归来!窗外,明晃晃的太阳透过树冠射进来,树丛间,呢喃着小鸟的啼鸣……

那个爱幻想,爱做梦的小女孩儿仿佛又回来了……

刨红薯记

张嘉瑞

小区的围墙外,有一大片田地。

母亲在那儿种了红薯。

十一月,正值收红薯的日子,母亲动员全家人去干活,也不忘叫上邻居,于是一队人欢欢喜喜,拉着铁锹提着铲儿,到那片土地去。

邻居家的小孩儿,才七岁左右,也拿着个玩具铲,屁颠儿屁颠儿地跟过来,大人们在卖力地挖土,他也认真地一铲一铲地挖,嘴里还嘟嘟囔囔地说着:"红薯不是长在树上的吗?它怎么会长在地下呢?"看着他那萌样儿,我们不禁笑了。

这红薯结得真深,约莫挖了半米深的坑,才发现一个小红薯,没办法,先收了,继续开辟另一片土地,挖着挖着,"哇!"那小子发出一声尖叫,引起了我们的注意,只见那小子抱着一个普通大小的红薯，我们急忙过去，一看，果然是好的，我说："这个送给你了！"那小子乐呵呵地笑着继续挖，我们也干自己的活去了。

我觉得蹊跷，想想刚刚那一小片土地里不可能只有一个小的，于是随手顺着红薯茎的旁边一挖，果然不出我所料，我先是看见了一丝红色的外皮露了出来，然后小心地轻轻地一掘，两掘，三掘后，出来了一个红薯，可是它的根还在下面，我就顺着根挖，哦！天哪！又一个红薯，连着根和刚刚的一起，但是根还是没有露出来，我兴奋不已，再掘一下，拉一下根，啊……哦！用力过猛了，掘掉了一半，另一半还在土里，哎！只能再把另一半挖出来了，茎下面的错综杂乱的根上结了很多红薯，数数有五六个。我给大人们看了我的"战绩"，简直是势不可当啊！回头再看那小子，竟然也挖出来一个，只是还有一半栽在土里，我便提了铲子去帮他，从边缘挖，感觉着差不多了，就往上一提，红薯整个出来了，我接着把红薯上的泥土扒掉，发现原来有两个呢！

就这样我们挖了整整一上午，收获不少，装了满满三麻袋。可是母亲说："今年夏季天气异常，影响了收成，种庄稼也要天时、地利、人和。"

哦，我明白了：一分耕耘一分收获，没有付出，就没有回报。经过坚持不懈，我挖掘到的不仅是红薯，还有满满的收获。

一碗豆腐脑儿

肖宇翔

自打记事以来,每年春节我总会和家人一起漫步于惠山古镇,欣赏那独特的历史和人文,但最让我忘不了的是街上的一碗豆腐脑儿。

今年春节——天寒地冻的新年第一天,我们早早地起床爬惠山,历经很久的跋涉,下山后我们来到了熟悉的古镇,又看见了那个卖豆腐脑儿的摊主。高大的身躯,稀疏的头发,还是我记忆中的模样,当我催着他要一碗豆腐脑儿时,他却操着一口不地道的普通话说:"急什么,碗还没洗呢。"

只见他拎出一桶热水来洗碗,热水腾腾升起的雾气弥散在空气中,大叔洗碗很快,不一会儿工夫,碗就洗干净了,朴实无华的瓷碗,就好像几年前的那些,却又不一定,因为每只碗都完好无损。

城里的小贩总是很讲究，摊主会认真地把碗摞起来再套上塑料袋，而古镇的不一样，摊主似居家过日子一般把碗一只只倒扣在桌上，我应声在他搬来的长凳上坐了下来，只见摊主拿出了自制的木勺，轻轻地在锅中一挠，就像挖冰激凌时的动作，然后小心地放入碗中，他总能将一块块的豆腐脑儿完好无损地挖出放入碗里，像极了一个精心测算的工程。无锡的豆腐脑儿和我在别处吃的不同，颜如春雪，豆腐娇弱又白皙，用调羹一戳，豆腐便分裂成许多块小云朵，很是好看。

这味道还是丝毫没有改变，和放学路上吃的，小时候奶奶从乡下带给我吃的一模一样。豆腐脑儿入口，舌尖轻轻触碰，它便一溜烟地滑到了肚子里，再来一勺，它又故技重演，直到那雪白的碗见底了，我也没尝到豆腐脑儿的味道，只留下一口清爽。

一碗豆腐脑儿下肚，整个人都热乎乎的，当我习惯地从衣袋里拿几枚锃亮的硬币放进小筒时，竟还以为自己够不着那齐腰的小桌，又一次踮起了脚，回到了第一次吃豆腐脑儿的时候。

笨 狗 如 树

贺逸凡

夏蝉冬雪,年复一年,它们总是以同样的姿态立在那里,像是在守着谁,像是在盼着谁,落日的余晖下,树似笨狗,笨狗如树……

它一身灰土色的毛,头顶上却有一绺白的,很扎眼,很突兀。头上长着多余的肉,堆下来,在两只眼睛那里停住,把眼睛挤得只露出一条缝。的确是不好看的,所以一开始我并不喜欢它。而且,它也不讨喜,笨头笨脑的,就更不得我心了。本来说要给它起一个响亮点儿的名字,可想了几个,实在与形象不符,我们就都放弃了,不约而同地叫它"笨狗",它也不认生,仿佛一生下来就该叫作笨狗。

奶奶把笨狗拴在院子里的枇杷树下,还在那儿给它搭了一个简单的小窝棚。人们都说"会叫的狗不咬人"。笨狗就是笨狗，见到谁都叫，有时自己待着也会莫名其妙地叫。它对人热情得有些过分，无论见到谁，小尾巴总是使劲儿地摇摆，在地上蹭来蹭去，蹭得尘土飞扬，落得它自己一头一脸。任凭谁见到它这憨笨的样子，都要停下来夸一句可爱吧。

原本安静的枇杷树，变得热闹了……

它是个好吃鬼。都说狗是忠心的，但是这一条，怕是你给它点吃的它就跟你走了，你要多给一点儿，说不定它就一去不回头了。平日里我都不去照料它，根本不在乎它的存在，喂食都是奶奶做的。那年大年三十儿中午，我们在家里吃饭，它在外头叫得格外响亮，与欢笑声相呼应。我心血来潮，夹了一片鱼去喂它，它十分开心，尾巴摇得越发起劲了。又喂了几片，我便使起了坏，故意将鱼扔远，扔到它够不到的地方，它拼命地把脚往前伸，爪子在地上划出声响，可惜绳不够长。它终于放弃了，可怜巴巴地盯着我，尾巴使劲儿地摇摆，神情活像我小时候问妈妈要糖的样子。我终不是铁石心肠，便将鱼往前挪了些许，它好似生怕有人来抢一般，迫不及待地让它变成了自己的腹中之物。笨狗，谁又能说它笨呢？

枇杷树的叶落了，那是它在笑……

后来我上学了，临走前对笨狗，没有不舍，只听着它在身后竭力叫唤，不曾回头。只是日子过得久了，就不由得想它了，有时看到别人家的狗，会猛然想起：我家有一条笨狗。过节又回去了，一样的枇杷树，一样的拴在树下的摇尾巴的笨狗，冲着我叫，很是欢快。我没来由地高兴，也许是这一次吧，我承认我对这条不美的笨狗，是喜欢的。

该走了，那天傍晚。不同的是，那天，它没有像以前那样叫唤，我却回了头。我看见它站在夕阳的影子里，和树一起，身上仿佛散发着一圈落寞。它不动不叫，一直看着车离去，我也看着它，直到消失在拐角。

像所有俗套的情节一样，这是最后一面，下一次再回去，它已经被送走了。

枇杷树下没有了笨狗，它像一个孤独的孩子，在努力拭干眼泪。

笨狗就像永远等在那儿的树，以前它等我。现在我思念着它——某一方小小的蓝天下，有一条不美的笨笨的狗，它，就是我的笨狗。

香

盛 芸

父亲赏花，母亲闻花。

而我，嗅花。

不觉花形太过亮眼了吗？不觉花开之声太过渺小了吗？

而那花香，正正好。

虽那花被写过太多次，都有些媚俗了。但我的记忆中，最深的，还是它。

它叫——

茉莉。

小时候，老屋后面一大片的野生茉莉，洁白如水。喜欢躺在它的里面，闭上眼，阳光被它摇曳得长发支离，绿莹莹的碎片，在眼皮上顽皮地跳，很舒服的。头下的泥土一点儿腥味没有，有泥土专有的醇厚。山风缓缓地被撒过来，将空气中花儿特有的水汽凝到我的唇边，悄悄地润入我的鼻。淡雅，高贵，却又不清傲，不自娇。空气中的香分子，被它不多不少地分配，浓一分就厚，淡一分就薄。它又不让你立刻感受到它的美妙，总是忽隐忽现地与你嬉戏，像一条滑溜的小银鱼，用尾巴一下一下地触碰着你的皮肤，你慵懒地伸出手，想一下抓住它，它却又从缝儿里溜走，不远不近地捂着嘴朝你偷笑，让你偏生不出气，只好任由它。就像是汩汩的山泉那般甜，又像是空野里的旷山那般阔，那样的香味，已不能用"香"来玷污了，它却又止住了你已涌至喉头那滔滔不绝的赞美，不愿让你说太多。而你，也只能用"香"了。那样的香，让你感受到舒坦，那些浮沉的灰尘，那些所谓的烦恼，那些纸醉金迷的欲望，通通丢掉。你唯一的想法，就是闭上眼，好好睡上一觉。

我曾在那花田睡了许久。

后来，知道自己该醒了。也没打招呼，就走了。

我好像无牵无挂。

只是每当有人提到它的名字，我就会闭上眼，感受着那片早已开在我心中的香，在鼻尖徜徉，忍不住地鼻酸。只是那么多年没嗅到它的香，有些怅然若失。只是当花店里它的同类花枝招展地卖弄身姿，那厚厚的脂粉味会令我狠狠地皱眉。

我找不到它了。

它在我的记忆中肆无忌惮地笑我。

笑吧，笑我没抓住你。

那天从一家花店出来，没找到它。

突然就在墙角蹲了下来，把头埋在臂弯里，蹲了许久。

留在心底的风景

黄筱婧

那簇迎春花，开在初醒的原野上，它的身后，伫立着破旧的乡间小学。

这里只有这样一株迎春花。当油菜花的金黄尚未点燃这片田野时，迎春花已经在这里等待什么了。待盛春时节，金灿灿的油菜花已经可以在活泼的田野上角逐欢闹了，迎春花仅仅是用一枝独芳支撑起这个春天。它扎根墙角边的湿土，没有攀附，只是尽力伸展它那纤细却较其他迎春花更坚韧的枝条。枝尖一直触到地面，烛火般灿烂的黄便点缀其间。

便这样展现在人们面前，高高挺挺的样子。

然而如今它在我印象当中仅剩一抹影像。只记得那会儿是上学的第一年，妈妈对我们说春天到了，去看看校门前的迎春花，开得特好。于是那时候清晨走进校门，下意识地望一眼校门旁那抹风景——像妈妈说的一样，真的有开得很好的迎春花。一个小孩儿当然不会对这簇花会意什么，只是心里简简单单地甜，一切都像刚起步，很美好。一想到明天，也总是满心期待。

老师在课堂上说桃花开了，然后走出教室，在门口的枝条上摘下一朵桃花。我们争着跑到讲台前，挤着凑过去看老师手心里的风景。花瓣薄薄的，细看微皱，粉色由边缘至蕊处渐变深了。纤细的蕊丝挺立，花蕊像是用毛笔尖蘸水点出的彩珠。此时老师不再严苛地管束，俯下身欣然带我们细细观察……

学校东面的碎水泥地勉强充当了操场。每到春天，操场南面地里便长出大片绿油油的蓬蒿。蓬蒿像其他野草一样，少有人有意栽下，但到那时刻，它便自己长出来了，悄悄占据人们的一角视野。

而它最大的不同便是可以炒食吃，于是老师便叫来几个学生，一人提一个袋子拣满。于是我们便在同学的读书声中欣然蹲在蓬蒿丛边喜滋滋地挑拣，还挺自豪。帮老师做事，每折一根蓬蒿在手里还格外小心，在丛草中走动都得小心翼翼地，生怕踩坏了地里待长的花草。

我们摘满一袋子蓬蒿交给老师，老师便从袋子里捡出几株，一人拿一株算是奖励了。我们还是很高兴，捏在手里把玩，或是放进嘴里嚼嚼。

又一年春，我在他人宅院的石阶旁再次看见迎春花。

它们那样娇小，细枝绽起垂下，像朵朵绚烂的烟花。却没有心底那样遒劲的枝干，没有撑起春天的艰辛和博大。

我在熟宣上引染那样的色彩，蘸上颜料试图点出那样圆滚晶莹的水珠，然而再不见心底那般细腻的花朵；再不见近在教室门口的枝条；再不见与我们分享一朵花的风景的老师……

餐桌上也终于尝到了真正的蓬蒿。口感有些干涩，味道也略显无味，与心底那种酸苦的口味丝毫不同了。

那样的日子远去，那轮风景也只能留在心底。乍想也许有些酸楚：那些心底的风景，是否已经悄然消逝在无人注目里……

今朝晚问：留在心底的风景，现在安好？

风 信 子

朱烨琳

春天悄悄地到来,给大地换上了新装。春不语,她却能唤醒花;花不语,但她们代表着春天!

2月8日　星期天　晴

我从外面一回到家,一眼就看到了桌子上的一抹新绿——一瓶水培风信子!我欣喜地瞧着它,把它放到了阳光下。洁白的根如胡须一般细长,这是水培风信子的一大亮点。它的叶子约莫有十厘米长,合拢在一起。阳光下,嫩绿的叶尖青翠欲滴,叶边变得透亮,似镶上了一条金边。叶尖上仿佛有一股力量将喷薄而出,显得生机勃勃,让我不大的房间立刻充满了浓浓的春意。

2月15日　星期天　多云

风信子的叶片从最初的十厘米不到长到十几厘米，叶片也不再是合拢在一起，而是微微打开。它韧韧的叶片细长而富有光泽，好像涂了层蜡。叶尖也是那么与众不同，如小船的篾篷，使人觉得另有一番情趣。在油亮的绿叶中间，抽出了一根花茎。花茎上长出了许多花苞，如麦穗般挺立在柔韧的叶片之中。青绿色的花苞中透着一缕缕粉润，活像一个个可爱的小精灵。

2月22日　星期天　晴

还未走近风信子，就闻到了空气中一丝若有若无的花香——花开了。一簇簇的风信子聚集在一起，远远望去，如同绿叶丛中升起的一片朝霞，美丽、灿烂。走近些，有的花朵似乎还没有完全绽放，粉红的花瓣中渗透着淡淡的青绿色，却让这花显得更加有生气，更加活泼。一朵朵花就像一只只小铃铛，好像微风拂来，就会发出一串清脆悦耳的铃声，煞是可爱。

3月20日　星期五　多云

　　风信子的花由原来的粉红变成了深红，花瓣也不像原先那么精神抖擞，而是打着蔫儿。花儿渐渐谢了，无奈之下，只能心疼地剪下了花茎。在剪口处，渗出了一颗颗水珠。绿叶依旧苍翠，却少了花的映衬，显得有些单调。但只有剪了花茎，风信子来年才能再次开放。花落并不代表着生命走到了尽头，而是一种崭新的希望。风信子代表着"只要点燃生命之火，便可同享丰富人生"。它用它绽放出的美丽，点缀了我们的生活。我期待着它的下一次绚丽绽放！

挂在树上的童年

严柯宇

"长亭外,古道边,芳草碧连天……"

一把蒲扇,一张藤椅,一杯淡茶,一米阳光,一曲小调,一份怀念,一棵老树,一次童年。

每一个人都会拥有一段令自己难忘的时光,令自己倍加珍惜的时光,想要好好保存的童年时光。

倚在老屋门前那棵枇杷树下,想得最多的还是那挂在树上的童年。

阳春三月,树上的冬雪早已被暖意融化,枝干上冒出了新芽,绿油油的,颜色似乎胜过了一旁的竹叶子。它给历尽了风雨的老屋增添了不少的生机,让爷爷奶奶的脸上泛起了笑容,当然,树下更少不了我咧开的嘴角,和对夏天成熟果实的盼望。那时我多想好好珍藏春天的生机,好让夏天的果实更甜一点儿,让自己的快乐更多一点儿。

幼年心中最期盼的夏天终于到来。初夏时分，枝丫上开出了一朵朵黄灿灿的小花。在我看来这黄灿灿的小花可比那种植在一旁牵绊着许许多多儿女情长的玫瑰来得实在。因为那预示着再过几星期，我就可以尝到甜滋滋的枇杷了。几星期后，看到树上结满了黄澄澄的果儿，心情也自然随着那果实变得甜滋滋的了。这样的快乐也就只有童年才能体会到了，真是尝到的滋味越甜，才越会想到珍惜呢。

一转眼，便又迎来了秋天，树上花儿谢了，果实也吃尽了，可是童年的趣味却仍旧不少。幼年小巷子里的孩子们特会找乐子，谁家有树的，便会找一长条结实的布，一头绑在树干上，一头系在大门上的铁栏杆儿上，这就成了个简易又牢靠的秋千。坐在上面，荡个秋千或是打个盹儿，又或是津津有味地听爷爷讲几个翻来覆去却不失趣儿的老故事，当然，还得伴着清凉的秋风才够味儿。

冬天了，披着些许薄雪的树，依旧是和蔼地看着幼时的我在嬉戏、玩耍。

待到树叶上的雪化尽，又一年春天了……

从回忆的思绪中抽出，竟感到一丝忧虑：童年的美好似乎一去不复回了。

可转念一想，童年本该一去不返的，长大的我们只能拥有一次快乐的童年。倘若我仅从一棵树上就能发现，回忆我很多的童年印记，并且将它们用文字写在书上，深深地刻在脑海中,好好地去保存着。那是将来某一天想起来时的感觉,必然是带着特殊的喜悦的。

我轻轻地笑出了声:看我那挂在树上的童年……

我哼着小调,如释重负地转身离开。

"长亭外,古道边,芳草碧连天……"

有一种记忆叫温暖

冯嘉乐

小时候,家乡的习俗,临近春节,家家户户都要忙着炸圆子,准备着儿女回家团圆。这时,小小的村子便热闹起来,寒冷的空气里弥散着热油的香味。跟着奶奶炸圆子的日子成了我一年到头最期待、最温暖、最幸福的时光。

天刚蒙蒙亮,奶奶一大早就起来了,准备好面、肉、蛋、葱、姜,这些做圆子必不可少的材料。一切就绪后,奶奶才把缩在被窝里的我叫起来,跟她一起提着材料去东边小店里搅拌。行走在寒冷的冬日里,提着一桶材料,我的手冻得有些僵了,幻想着圆子在热滚滚的油锅里变成人间美味,瞬间又温暖了许多。同时也感到了责任的重大,两只手紧紧地抓着,小心翼翼地跟在奶奶身后,生怕一不小心掉了块肉,洒了点儿面。

本以为我们来得是最早的,谁知到的时候已经有好几家在排队了，我只好耐着性子排队等候。回去的路上，我又蹦又跳地走在前面，不时回望，催促着慢慢悠悠的奶奶。

回到家，奶奶熟练地将材料团成一个个小球，大小均匀，粉粉嫩嫩的，煞是可爱！接着奶奶并不急着炸圆子，而是不慌不忙地准备着灶里烧火的劈柴，洗刷锅、漏勺、筐子。看着我在一旁抓耳挠腮的样子，奶奶慈祥的眉宇间堆满了笑意，用手轻轻地揉搓着我冻得通红的小脸："心急可吃不了热豆腐哟！"

开始了！开始了！奶奶终于开始炸圆子了！热油，是炸圆子的过程中最最关键的一步，如果油温控制得不好，圆子可能炸不熟，也可能会炸煳了。渐渐地，油锅里的油开始吐出了一个个的小泡泡，紧接着越来越多，越来越多。当我还沉浸在油吐泡泡的情景中时，第一个圆子已经下锅了，然后一个紧接着一个。在奶奶的操控下，圆子像一个个顽皮的孩子在油锅中不停地打着滚儿，唱着"嗞嗞啦啦"的童谣，它们的颜色也在不断地变化着，就像一个善变的变脸大师，先是淡黄色转而化成金黄色再是暗红色，小小的厨房里香味和温暖四溢。

好了，第一锅起锅了。我迫不及待地伸手去抓，立刻被奶奶的筷子打了回来："傻丫头，当心烫！晾会儿再吃！"不一会儿，圆子的香味就让我忍不住了，偷偷地捏了一个，小心地咬上一口，外焦里嫩，融合着面、肉、葱、姜、蛋、油的香味和奶奶手心的温度！这些美味而温暖的圆子足以让我抵御一个冬天的寒冷了。

那些温暖的日子留在了那个童年的小村子里，也留在了我的心底。在时间的荒漠里，我始终带着温暖上路。

吆　喝

华彦铭

小时候在家玩耍时,我一听到卖糖葫芦的吆喝声就缠着妈妈买来吃。有时候还偷偷跟着卖糖葫芦的走街串巷,不是馋那糖葫芦,而是馋那悦耳的吆喝声。

经常来我家门前叫卖的是个"老北京"。他的吆喝声洪亮清脆,抑扬顿挫,韵味十足又十分有力。先是用类似女高音的音调扯着嗓子喊:"冰糖葫芦哟——"停顿一下,又用略低的声音喊:"冰嗒嘞——酸酸甜甜嗒哟!"短短一声吆喝,概括了冰糖葫芦的所有特点,叫人听了不禁垂涎三尺。据他讲,他爷爷在清朝那会儿就卖糖葫芦,所以他的糖葫芦绝对正宗。虽然到底是不是,无从考证,但他一口悦耳的吆喝声让我深信不疑。那会儿我还小,也不懂什么叫正宗,谁吆喝得好听就买谁的糖葫芦,于是,我跟这个"老北京"混了个脸熟。

那段日子，只要他经过我家门口，他身后就会跟个和他一起扯着嗓子喊的小屁孩儿。"老北京"很喜欢我。每天收摊前，都会给我一串糖葫芦作为"报酬"。有一次，他摸着我的头说："多好的孩子啊，以后要真成了卖糖葫芦的可就毁喽！"年幼的我，不懂这话的意思，于是就认真地说："卖糖葫芦多好啊！赶明儿我肯定干这个！""老北京"笑了笑，不语。

渐渐地，我长成了大姑娘，那个卖糖葫芦的"老北京"却再也见不到了。现在的我，每天只想着学习，不再想小时卖糖葫芦的事了。那悦耳的吆喝声，也随着时代的变迁被遗忘在记忆的迷雾中。

终于，在这一年春节的庙会上，我再次看见了那个陌生而又熟悉的身影，那么多年过去了，"老北京"的模样却没变，他一手抱着冰糖葫芦，一手打着节拍："各位父老乡亲，走过路过千万别错过，我这葫芦像冰塔，酸酸甜甜哟滋味好得嘞……"他的吆喝还似当年那样，却更上口了，现在，许多的吆喝都由机器反复播放，冰冷无味，像"老北京"这样的吆喝可不多见了……

那悦耳的吆喝声悠悠扬扬，摇摇摆摆地进入我的脑海，像一缕残梦——小巷深处、老房子、门墩儿、小破孩儿、母亲……我没有上前，珍贵的记忆应该珍藏于心，何必去破坏那一份珍贵呢！回过神儿来，看见"老北京"正在招呼一个小姑娘，他笑嘻嘻的，说话像唱戏："小姑娘

（那个）别嫌贵，个头虽小（么）学问多。就像生活百般儿味……"他的话回荡在我的脑海，我忽然明白了他当年说的话。吆喝也是一种民间艺术，它流传千年，早已成为一种不可多得的珍宝，它经过许多代人的口口相传，是一种不朽的街头文化，更是一种无形的遗产，它古色古韵，是民俗特色的显现，更突显了劳动人民勤劳的精神和积极奋斗的乐观态度。那些民风淳朴的吆喝，那些趣味横生的吆喝，那些合辙押韵的吆喝……是多么动听而又悠扬啊！我的眼前兀地出现了一幅画面：一位年轻的妇女，穿着朴素的碎花裙，手上挽着一个精致的竹篮，哼着古朴的民间小调，大步走在青石板铺成的小路上，四周传来此起彼伏的吆喝声……

只是不知，这吆喝声是否会消失在时代的变迁中呢……

乌 镇 情 怀

卢思凝

一缕缕阳光掠过眼前,在远处落下一片斑驳的暖意,头顶淡蓝色的天空隐隐透着纯真,渲染出空灵的江南水乡——乌镇。

这次国庆,我们一家人来到了乌镇,参观了名人口中那方最后的枕水人家。

以前对江南的印象不过就是青瓦、灰墙、石板、小径,流水绕门,船行摇曳。可一到乌镇才发现,江南其实不只是一种风景,还是一种古老的回忆,是那种柔柔的、润润的、幽幽的韵味,飘荡在空气中,似有若无。

一行人缓步走在古老的村落中,石板路上的青苔绿得失真。空气中弥漫着一股雨后泥土的清新,忍不住伸手去触摸那些发黑的墙壁,刚下完不久的雨水沿着石缝轻轻流下,流到我手指所在的地方。仔细去看那一滴水,似乎也充满了乌镇的味道，嗅一下，那属于水乡的气息渐渐氤氲来。我的眼睛上蒙着刚滴下的雨水，朦胧的视野中，乌镇在眼前弥散……

小河悄悄流淌，沿着千年的老街蜿蜒前行，一种穿越千年的味道突然袭来。这味道来自脚下沉默不语的青石路，远处孤独伫立的旧船栀，河边静静洗衣的老妇人……这味道流动千年，已深深浸入这里的一砖一瓦，一草一木。嬉戏的孩童不断地往平静的河中扔石子，使之泛起圈圈涟漪，也荡开了恬静的心情。轻轻推开厚重的木门，"吱呀"声蕴含了千年的回忆，坐在门前看乌篷船缓缓划过，心灵在此时此刻净化，对乌镇，对这江南水乡，对这一切怜爱渐次生长，仿佛连呼吸都变得轻柔，生怕搅扰了这诗般宁静的意境。

水乡，好像总是带着这样淡淡的惆怅，让人被浓浓的文化气息感染。茅盾先生也对自己的故乡说过："千年沧海桑田，乌镇风韵犹存。"

在乌镇的日子是安逸的，仿佛只有在这里才能体会到年华似水的感觉。我带着这份水乡的味道离开，回味这次梦幻般的旅程，细细咀嚼着这化不开的乌镇情怀。

人间有味是清欢

高文科

雾茫茫的早晨，是多么令人犯困，鸡的悦耳一啼敲响了人们一天的开始。冬晨，阳光未洒，月黑未去，云里来雾里去，一片迷茫。

"嘎吱""嘎吱"一声声，一步步踩踏着老式，古朴的三轮车，三轮车上的她，一弯腰，一仰起，十分吃力，嘴中不时冒出一团团白气，冬雾的早晨，她的脸和耳朵冻得发紫，来到一犄角旮旯，从三轮车内抽出一木板凳坐了下来，既不吆喝，也不拦人，就静静地等着。只要一听到三轮车声，我便一踢床单，麻溜地穿好衣服，拿起早已准备好的两元钱，直奔小摊，生怕错过。

冬日流着口水的早晨，多么难熬。唉，到底晚了。这个小摊的队伍长得超乎想象，只见她娴熟地一只手拿杯，一只手拿开盖子，抡起一只大勺子，转瞬便盛满了一杯，微笑着递给顾客。

"呼呼呼"我吹吹手,又跺跺脚,终于轮到我了,我的激动溢于言表。我抬头看看老奶奶,她那双沧桑的手虽已布满老茧,却仍轻巧敏捷,稀疏灰白的头发随风飘扬,老奶奶看见我是个小娃,古铜色的脸便绽开一缕微笑。

老奶奶特意多给我盛了一勺,并嘱咐我:"娃儿,小心烫。"她的叮嘱像奶奶一般亲切、贴心。寒冷迫使我狼吞虎咽,喝了一口后,寒意顿无,嘴里哈的一口气也变暖了,一杯下肚,我却意犹未尽,盯着那个木桶,咂吧了一下嘴,又怕引人笑,不得不将口水咽到腹中。老奶奶慈爱的目光扫到了我的身上,顿时感觉暖暖的,她向我招了招手,笑着说:"娃儿,没吃饱吧,婆婆再给你盛两勺。"我接过汤杯,喝了一小口,丝丝暖意沁上心头。老奶奶看着我,笑了,我也笑了。半杯下肚,我才心满意足,拍拍肚皮,跟奶奶说了一声:"谢谢奶奶。"老奶奶依旧笑了一下。不一会儿,老奶奶要走了,我跟她挥手再见,我望着她,直到那"嘎吱嘎吱"声消失在一片云雾之中,我才欣然起行,一路上无寒意,只有温暖。

人生百味,万望珍惜。老奶奶或许只是我生命中的一个过客,但她的汤却温暖了我。我忘不了她的半杯酸辣汤,所谓"人间有味是清欢"哪!

我心中最宝贵的财富

崔银灵

我喜欢古老的东西,因为那经过历史沉浮的宁静古朴的美总令我悸动。

或许这也是我喜欢那棵古树的原因吧。

外婆礼佛,我与古树的初遇便是在这儿。寺庙中间的空地上是一棵有着百岁高龄的古树。虽然是深林,却仍有枯绿的叶子缀着枝干不愿离去。北边的树梢上挂着一串已被风雨侵蚀了颜色,却仍丁零作响的风铃,树丫的分叉上,竟有喜鹊做窝,不时鸣唱着,风与风铃应和着。蓝天白云,古树幽幽,我已然惊艳⋯⋯

自发现这棵古树起,我便时常跑去找它,那经过历史沉浮而古朴的美早在初见时便已惊艳了内心,时刻吸引着我。小时候的我没有什么玩伴,一得空就抽身去找古树,古树充当了我整个童年的玩伴。看着我在你身边肆意胡闹，踩着落叶，听着喜鹊的欢叫，偶尔吹响的风铃，已是极致的欢乐。风大时，外婆总会揣着件外衣来找我，轻柔地为我披上，默默地退到一边，静静地看着我玩闹，嘴角的弧度越来越深……等到日头西下。喜鹊不再鸣唱，古树在秋风中舞动着枯绿的叶，时而滑过丁零的声响，我知道这是古树在催促着我回家了。利落地起身，拍拍身上的落叶，回头看了眼古树，古朴的绿夹杂着细碎的金光，夕阳笼罩了古树，这宁静古朴的美猝然击中了我。半晌，才收回痴迷的视线，奔向远方……

渐渐地，我长大了，似只轻快的鸟儿飞离了外婆，徒留一张泛黄的照片陪着老人。照片上，老人抱着一女娃娃在古树的团团浓荫下笑得灿烂。

偶尔抽身去探望外婆，老人总站在村口的古树下等待着，那双浑浊的眼睛里是满满的欢喜，她期待着。

透过车窗，古树下的人满头白发，驼着背，有些吃力地扶着树站着，却一次次地踮起脚，伸长了脖子在朝村口望着，远远地似看到了什么。老人眼里闪着泪光，却又被极快地抹去，换上笑颜，艰难地向前跑了几步，她所期待的人儿终于来了。

夕阳下，老人，古树，不知为何，眼睛涩涩的……

刺耳的锯木声划破了早晨的宁静，喜鹊尖叫着，风铃划过最后的声响，古树挣扎着倒下。盘飞在一片废墟上的喜鹊终是离去……

外婆躺在床上,过度的劳累只能让老人卧床休息,粗糙的手摩挲着那张照片,哪怕这只是张泛黄的老照片,哪怕这张照片已看过无数次,哪怕这张照片已被泪水浸湿。她所思念的人儿也似喜鹊般,飞离了她的身边,老人独自坚守着那份古朴而又厚重的爱,等待着……

　　古树虽毁,但那份悸动却是真实的,外婆对我深厚的爱更是永恒的,古树带给我那透着古朴之美的欢乐童年已然成为我最为宝贵的财富,这份财富在这泥土钢筋混合的时代里弥足珍贵……

是你改变了我

沈湉芸

小时候,我是家中的独生女,所有人都宠着我、惯着我,直到我弟弟的出生。刚开始我十分不懂事,觉得弟弟分走了家人对我的爱,所以我讨厌他、排斥他。那件事的发生,彻底改变了我。

那是一个平常的周末,弟弟幼儿园有一个活动,我和妈妈送他去后,就在附近的一家甜品店等他。妈妈一边喝着杯中的饮料,一边问我:"宝贝!一会儿你陪弟弟去看场电影吧?"我盯着手机,头也不抬一下就说:"不去!弟弟烦死了。看什么电影,回家睡觉!"妈妈看我像吃了火药一样,也没再说话。

一杯饮料慢慢喝完了,时间也差不多了。我和妈妈出了甜品店,一阵风过来,我感觉从温室到了冰窟窿,我站在门口,不耐烦地问道:"怎么还没出来?"妈妈一边向里面张望,一边回答我说:"快了,快了!"风把我的耐心一点一点吹走了,就在我快要发火的时候,我听到了弟弟稚气的声音:"姐姐!"手里好像还拿着什么。他朝我这边跑过来,我终于看清了,那是一块巧克力。

他快速跑到我跟前,笑得很开心,把巧克力举到我眼前说:"给你!姐姐。"我刚想说:这是什么巧克力呀?我才不要呢!话还没出口,只听一个声音响了起来:"刚才舍不得吃,原来是留给姐姐的呀!"循着声音望去,原来是弟弟的老师,我赶忙叫了一声:"老师好!"她微笑着向我点了点头,对我和妈妈说:"刚刚活动结束,你家小宝的奖品是一块最大的巧克力,他拿着看了很久,我们问他为什么不吃,他也没肯说。原来是留给姐姐的!"说完,她摸了摸弟弟的头,说了声:"再见!"就走了。

我呆呆地站在原地,心中说不出的痛。仿佛看见其他小朋友吃着巧克力时弟弟忍住留给我吃的样子。我又想起我平日里对弟弟的各种不耐烦,以及我刚才对妈妈的态度……内疚和悔恨敲击着我的心,使我的心像裂开一样痛。我含着眼泪接过了弟弟给的巧克力,我知道那不仅仅是一块巧克力,那是弟弟的善良和懂事。

我转过身,对妈妈说:"妈妈,今天下午我陪弟弟去看电影吧!就看他最喜欢的那部动画片!"妈妈愣了一下,随即脸上像绽开了花一样。我把巧克力一掰为三,一块塞进了弟弟的嘴里,一块塞进了妈妈的嘴里,还有一块当然塞进了自己的嘴里。我知道我心中某一处已经在慢慢地改变,我不会像以前那样自私,我要好好地对我的弟弟。

谢谢你,我亲爱的弟弟!是你让我发生了改变,褪去了自私。

有那么一棵树

郭文萱

有那么一棵树,它的枝叶不算茂盛,但却懂得呵护、照顾,我自认为我应该算是了……

我本来是不喜欢小孩儿的,但在老家的最后一天,外公竟让我帮忙照看表弟。不知他是不是知道这是我在这儿的最后一天,今天,竟有些乖巧。我也不予理睬,自顾自玩手机。

"姐姐,我想吃那个。"稚嫩的声音在我的身旁响起。我循着他的小手看过去——"旺仔小馒头",我将一整袋拿来,直接塞入他的手中。他的手实在太小了,一下只能抓住几个,其余的"咕噜噜"滚到别处。他有些不知所措,也不挑拣直接往嘴里塞。我看了有些忍俊不禁。"你吃一口桃子,我给你十个小馒头,好不好?"我决定喂他。他坚定地点了点头。我将桃子切好,小块的放在他的嘴中，又数了十个小馒头，小心地放在他的手上。他狼吞虎咽，吃得满嘴全是。我用勺子把碎屑送到他的嘴里。他冲我傻乎乎地憨憨地笑着，露出还没长齐的牙齿，我心中确有一份当家长的自豪。"嗝！"定是吃得太急，噎着了。我赶忙把水瓶送上去。他拽着瓶子的小手把，我牵着他的小手，是那么温馨。就这样，嬉嬉笑笑着过了一下午。

有那么一棵树，在比自己枝叶少的树面前，可以尽显大人本色，呵护、照料着他们。

迷迷糊糊，表弟在玩闹中有些累了。"姐姐，我热。"因为他不够高，我故意拿了一个小电风扇，对着自己吹。表弟瞪着水灵灵的大眼睛望着我，似乎有些恼了，我却故意把头一偏。他眼看着大眼瞪小眼无效，无奈之下，只能撇了撇了嘴，闭眼睡觉。不知怎么的，慢慢地，我却将小风扇偏向了他。他已热得额头上渗出汗了。我将风扇开到最大，随即又去开了空调，在他身上来回吹着。似乎凉了，我轻轻给他搭了一条毯子。他已熟睡，摸着他鼓鼓的肚子，看着他微张的小嘴，竟有一种说不出的幸福。我抬头一看，窗外的风轻轻地吹着，带着微微摇动的大树。它轻轻地扭动，留下了一片绿荫，又仿佛在和旁边还未长高的小树呢喃。我又看看表弟，自觉像极了那棵大树。

有那么一棵树，陪伴着别人，滋润着别人……

平常，身边都是各种各样的大树，我在他们的绿荫下才得以成长。但面对尚年幼的弟弟,我也是"那么一棵树"。

有那么一棵树,它枝叶不茂盛,身材不高大,但它也是一棵大树。原来,我也是那么一棵树。甚好……

守望微芒

谢冰心

最爱的,是那流萤吧。小小的那么一只,盈盈地舞着,那样单纯,却叫人心生希望。那时小小的我,总想弄明白:那一点儿微亮的光,能把黑夜照亮几分?

你见过吗?一大片一大片,如同暗夜的精灵,把你茫然的目光吸引过去。黄中泛绿,绿中镶黄,在树林中穿梭,若隐若现。目光追随某只,将自己也化作流萤,一起去旅行。有时它很调皮,不与你打招呼就躲了起来。在你苦苦寻觅而不得时,它却藏在暗处发笑。等你灰心时,再忽地跃入你的眼帘。

河面上的点点微光,伴着水流的波痕而浮动,一上一下地荡漾着,宛如星星在河中嬉戏。不知是水孕育了它,还是它令这水熠熠生辉。抬头看呐,那流连于夜空的流萤,是在陪伴天上孤单的星呢!这些小流萤啊,环绕着自己天上的伴侣，与之共赏夜色。这般情景，为寂寥的夜空平添了几分生趣。

离开乡下的几年后，一个月明星稀的夜晚，我漫步在公园的小径，想起了它们，于是就想寻这小家伙们诉说我的心事。低头探脑，找来找去，却怎么也找不到它们。我寻到很晚很晚，久到月亮都乏了，还是不见它们的踪影，只能恋恋不舍地回了。第二晚，我又来到公园，可再次失望而归。奶奶告诉我："城市里嘈杂喧闹，只有在宁静的乡下，才有可能见到流萤……"我听了，不禁有点儿失落，但并不气馁。因为我知道，我还会见到它们的。在我还没离开家乡之前，每个夏夜我都会去看流萤，它们和我依然生活在同一片天空下。它们一定会记得，我永远是它们的守望者。

时间转瞬即逝，次年夏日，我如愿以偿地回到了家乡，念着流萤，步入草田中，忽然几点荧光蹿了出来。"是它们！"我欣喜若狂。这些小家伙们，似乎认出我是它们的朋友，来自多年以前的守护者，所以一点儿也不害怕。我忘情地漫步于草田，流萤环绕，享受着期盼已久的奇妙时刻。沐浴着月光般的银辉，我翩然起舞。"我是流萤的守望者。"我骄傲地笑了。

"银烛秋光冷画屏，轻罗小扇扑流萤"。流萤，一个多么诗情画意的名儿啊！每当忆起，我会继续守望这一方宁静，保留希望，保留着不甘放弃的跳动的心，依然在大大的绝望里小小地努力着。

梦中,一簇微芒飘舞,是流萤在对我说话:

"既然不能照亮黑暗,那就照亮自己吧!"

偶尔停下来，感觉真好

余 敏

人生是一条布满荆棘的道路，你总是需要挥动你手里的那柄长剑，为自己开辟道路。可是，在与荆棘拼搏的时候，你有没有注意过那路边不知名的小野花？它在开放，散发芳香，偶尔停下来，闻闻它们的芳香，岂不美哉？

刚睡醒的世界，有一种朦胧美，被一层淡淡的白纱笼罩着，缥缈如仙，若隐若现，像稚气未脱的孩子的眼眸，懵懵懂懂却又干净纯澈，这样的美丽，你在意过吗？优美的旋律如同春天的奏鸣曲，一音一调都温暖地流淌着，沁入你的心灵，这样的音乐，你感受过吗？灿烂的夕阳下，手捧心爱之书的女孩儿，安静地品读着，乌黑的长发也变得金光闪闪起来了，这样的宁静，你体会过吗？

我们总是那样行色匆匆，都来不及好好欣赏这美丽的世界，美丽的人。偶尔停一下，伫步远眺，这样的感觉，真的很好!

眺望远方,万家灯火,相互映照,那些高楼林立的地方,到底有没有你的安身之所,那些你信任之人为什么会背叛你的情义,身处命运旋涡中的我们,又该何去何从……偶尔停下来,走上高山之巅,聆听大自然的絮语,这会使你内心宁静。

停下来,看花开花谢、潮起潮落,你是否已感到不再迷茫?静下来,用心聆听自己的内心,你是否已明白自己内心深处真实的渴望?

偶尔停下来,也是一种机遇。在人生之路上,我们总是走得太匆忙,太急切,这样的路程,我们会错过很多,同样也会失去很多。停下来,回顾过去,给自己一次信心,也给自己一份勇气,追寻你失去的,或许会有意想不到的惊喜!

人的一生,从来就不是一路顺到底,每个人都会遇到无数悬崖峭壁,只有想方设法跨越过去,才能走向自己的辉煌!

生命需要驿站,人生需要转折,让我们偶尔停下来,听一听鸟鸣,望一望蓝天,看一看花开,以崭新的心态重新去发现时间角落里,那不经意的美!

玉兰花的味道

曲思佳

乍暖还寒的三月初春，玉兰花已悄然绽放。我总是喜欢随手拈一片花瓣，细细地轻嗅那恬淡的花香，那令我久久无法忘怀的味道。

谁注意到了学校里的那棵玉兰树？粗粗的古铜色的树枝上托着雪白的花朵，有的含羞待放，有的已经散开裙裾，尽情地在风中舞动。我爱它的形，更是独爱它的香。

远闻是闻不到的，只有细嗅才能察觉。你可曾在炎炎夏日喝上一杯冰饮？那沁人心脾的清凉就如玉兰的幽香。它拂过心弦，像微风吹散袅袅的雾气那般轻柔，又使人在浅醉中心旷神怡。淡雅，清新，就如玉兰之香。

记得是一天下午，我与她一同走过玉兰树下，她侧头看着在风中如飞雪般飘零的玉兰花，露出娇嫩的唇齿，荡开笑脸，随手拈起落花。我好奇地望着她手中的花瓣：雪白的娇嫩肌肤上有几处枯败，如有些瑕疵的白玉。温润的花瓣在风中绽开了清香，那味道清甜而不招摇，恬淡却不孤傲。我闻着，心上仿佛也有了几片落花，香气四溢。

不觉两人来到了操场上。小憩之时，她又有了鬼点子：把花瓣的表皮撕落，露出其中如棉絮般轻盈而又细腻的"肉"。我学她撕开一片，顿时，花香变了些，有些浓郁，如一道大餐正揭开了锅盖，香气充满了我的心胸，竟有了些温暖的感觉。我看着她，玉兰般可爱的面容，轻轻地握住她的手，任花香氤氲在我们心中……

携手在黄昏漫步，谁也不说话。我侧头看她，忽然闻到她身上有一股清香，似玉兰香，袅袅飘散。我心中忽然浮起近乎感动的感觉。友情，也如这玉兰香，初闻恬静，再闻浓郁，在轻轻的携手间，心中早已认定友情不朽。

如今，我们已经分开。虽然我不能再握她的手，感受她的温度，不能随意地偏过头，闻着她身上丝丝缕缕的清香，但，当我再经过那棵玉兰树时，心总会意外地沉静。因为我知道，我们的友情就如那玉兰，那花会枯萎，失去它白玉般的无瑕，但那花香，却永不会消失，直至飘满我们同驻的那方天地。

花落，又一载，玉兰树已长出了绿芽，玉兰花的味道，又何时能品味到？